GYM CERVEAU

MONIQUE LE PONCIN
Docteur ès sciences
avec la collaboration de Michel Levine

Gym Cerveau

Une technique

Un état d'esprit

STOCK

A mon fils Christophe
et à mes parents.

Note importante au lecteur

Le but de ce livre est de sensibiliser le lecteur à son cerveau. Les exercices proposés et leur temps de réalisation sont donc difficiles à effectuer avec un complet succès.

Il est important de ne pas utiliser ce livre comme support de cours collectifs. En effet, il existe des programmes d'entraînements adaptés qui doivent être demandés à l'INRPVC.

Préambule-test

Chaque jour, avec mon équipe de médecins, de psychologues, de biologistes de l'INRPVC[1], nous recevons des hommes et des femmes que leurs problèmes cérébraux font vivre dans l'anxiété et parfois dans l'angoisse.

La plupart ne sont pas des « malades » et, d'ailleurs, à priori, nous ne les considérons pas comme tels. Tous, quel que soit leur âge — et ils sont de plus en plus jeunes — ressentent le besoin de faire cesser les interrogations et les doutes qui les assaillent, de faire le point.

Lors du premier entretien, que nous disent-ils le plus souvent ?

« Je viens de prendre ma retraite, il y a deux ans. Au début, tout se passait très bien et puis j'ai ressenti peu à peu une sorte de vide, comme si mon cerveau s'engourdissait. J'ai voulu m'intéresser à des choses nouvelles, élargir mon horizon, mais cela ne passait pas. Maintenant, je n'ai plus de goût à rien et en même temps, j'ai peur de devenir une sorte de plante verte... »

« Mon directeur m'a demandé d'apprendre très vite

1. Institut National de Recherche sur la Prévention du Vieillissement Cérébral (hôpital Bicêtre, 78, rue du Général-Leclerc, 94275, Le Kremlin-Bicêtre).

une langue étrangère. Mais j'ai beau m'y mettre à fond, ça n'entre pas dans ma tête, je suis comme fermé. Le temps passe, je sais que je n'y parviendrai pas, et alors... »

« C'est idiot, je n'arrive pas à calculer en nouveaux francs, je me perds dans les numéros de téléphone à huit chiffres, surtout si je dois appeler en province... et je n'ai pourtant que cinquante-cinq ans ! J'ai lu quelque part qu'à cet âge le stock des cellules du cerveau a beaucoup diminué, que le vieillissement cérébral est une fatalité. Ne puis-je vraiment rien faire ? »

« Depuis que je me suis retrouvé sans boulot, je tente bien de suivre des stages de recyclage, de formation accélérée, mais je ne me sens pas à la hauteur. Je vous assure que je voudrais à tout prix m'en sortir, mais j'ai l'impression que chaque jour qui passe, je décroche un peu plus, tout en regardant s'éloigner le peloton. Que vais-je devenir ? »

« C'est vraiment curieux, tout a commencé le jour où mon fils m'a battu pour la première fois au tennis ! J'ai rangé ma raquette et puis, peu à peu, insensiblement, les choses ont cessé de m'intéresser. Je me sens glisser, dériver vers une sorte d'indifférence. A cinquante-sept ans, c'est insensé ! »

« Après mon divorce, il m'a bien fallu de nouveau gagner ma vie, mais c'est fou ce que j'avais perdu avec les années... On ne pratique plus les mêmes méthodes de travail et je me sens rouillée. Malgré tous mes efforts, je mets deux fois plus de temps que les autres filles. Bien sûr, cela ne pourra pas durer. Suis-je condamnée à l'échec ? »

« Tout le monde vous le dira, je suis quelqu'un de super actif, un vrai bourreau de travail ! Il y a six mois, j'ai subi une opération et... Oh ! Du point de vue physique, je m'en suis très bien sorti, c'est parfait. Mais j'ai l'impression que mes cellules grises en ont pris un coup. J'ai des manques, des oublis, des distractions, je confonds des noms... rien de bien important, tout compte fait, et ma secrétaire est là pour tout rattraper, heureusement, mais je m'inquiète un peu : est-ce que cela va empirer ? »

« Moi, je n'ai aucun problème, j'en suis certaine, mais je dois dire que ce qui vient d'arriver à ma mère m'a causé un sacré choc ! Elle était très bien, très en forme au point de vue intellectuel, l'esprit toujours vif, et soudain tout s'est dégradé à une vitesse folle, c'est quelque chose de terrible ! Alors je me demande : est-ce que moi aussi... un jour ? »

Tous ces propos, que j'ai à peine schématisés, pourraient parfaitement être tenus par un grand nombre de personnes qui n'ont pas eu le courage ou plus simplement l'occasion de s'adresser à nous, comme nos visiteurs de l'Institut. Ces derniers ont fait l'effort de vaincre leur timidité, leur appréhension. Souvent, ils ont dû braver les réticences ou les préjugés de leur entourage : « Voyons, leur disait-on, vous n'en êtes pas au point d'aller consulter. De toute façon, ce qui se passe dans notre tête, nous n'y pouvons rien, cela ne se corrige pas et cette démarche sera parfaitement inutile. »

Bien des hommes et des femmes n'osent pas faire état de leurs difficultés et souvent ne se les avouent pas. Mais au cours des conférences débats que j'anime dans les organisations du troisième âge, les questions des responsables et des participants expriment parfaitement ces préoccupations. De même, bien des médecins que je rencontre dans les colloques scientifiques m'affirment recevoir dans leur cabinet un nombre sans cesse croissant de patients qui s'inquiètent de leur diminution d'efficacité cérébrale : « Docteur, j'ai des trous de mémoire, je commets des gaffes en confondant tel ou tel de mes amis, je ne parviens pas à faire fonctionner un appareil ménager programmable qu'on dit pourtant si simple à manier... Suis-je sur le déclin du point de vue mental ? » Face à de telles interrogations, ces praticiens se sentent souvent démunis car, s'ils ont étudié en faculté les phénomènes d'aphasie ou de troubles de la mémoire sous l'angle neurophysiologique, ils n'ont en revanche reçu aucun enseignement particulier sur la manière de les traiter. L'Institut leur fournit à présent un certain nombre d'informations et de marches à suivre.

Posons le problème d'une façon plus générale : lequel d'entre nous n'a pas eu l'impression, à un moment ou à un autre de sa vie professionnelle ou sociale, d'être dépassé ou sur le point de l'être par notre monde en constante mutation ?

Malheur à celui qui manque les rendez-vous de l'efficacité ou de la réussite ! Rapidement, il se trouvera dans la situation de l'homme tombé d'un navire en marche au sein d'une mer déchaînée : s'il n'est pas un nageur émérite et bien entraîné, il ne parviendra pas à s'accrocher aux rares bouées qui lui seront lancées et ne tardera pas à couler...

Et, dans notre monde de compétition acharnée, l'individu qui a subi un échec se trouve très souvent mis à l'écart, ce qui ne fait qu'aggraver ses problèmes. Le doute, l'angoisse, le sentiment d'avoir été victime d'une injustice, d'avoir été « lâché » par les autres le conduisent à se replier sur lui-même, à se désinvestir. Par cette attitude, il se coupe de ce qui justement pourrait solliciter, stimuler son esprit et l'aider à combattre. Peu à peu, il sombre dans une sorte d'engourdissement intellectuel irrémédiable. Ajoutons que certains médicaments, et surtout les tranquillisants, dont la consommation est de plus en plus fréquente, peuvent contribuer à cette détérioration psychique.

Pour aider ceux que la société moderne condamne de plus en plus vite, de plus en plus tôt, parce qu'ils ne sont pas parfaitement adaptés à son rythme, la seule action rationnelle et efficace qu'on puisse mener, si l'on veut faire œuvre utile, ce n'est évidemment pas

— comme cela se fait encore, malheureusement — de parquer ces « inadaptés » dans les divers ghettos de l'exclusion sociale ! Il faut au contraire les aider à rester à bord du bateau, parmi les autres membres de l'équipage, tout en leur enseignant... à devenir d'excellents nageurs, en cas de coup dur.

C'est à cette tâche que se consacre notre Institut.

Pour cela, il met en pratique une technique d'activation cérébrale que j'ai élaborée et baptisée « Gym Cerveau ».

Comment les choses se passent-elles ?

Tout d'abord, avant qu'une personne ne commence son « entraînement » proprement dit, nous la persuadons qu'elle doit laisser au vestiaire angoisse et préjugés : non, il n'y a aucune fatalité dans le domaine cérébral, la détérioration du corps n'entraîne pas immanquablement celle de l'esprit ! Non, elle n'est pas forcément atteinte d'un trouble cérébral, contrairement à ce qu'elle pourrait croire — ou à ce qu'on voudrait lui faire croire.

TOUT SIMPLEMENT, ELLE NE FAIT APPEL QU'A UNE INFIME PARTIE DE SES RESSOURCES CÉRÉBRALES, LAISSANT LE RESTE A L'ÉTAT DE SOMNOLENCE.

Comment agit la Gym Cerveau ?

A l'aide d'exercices très précis, elle ranime ces capacités cérébrales laissées en sommeil, ou qui tournaient au ralenti, pour les faire fonctionner à plein régime.

Dès lors, la confiance en soi revenant, une nouvelle impulsion est donnée à cet élan vital que chacun de nous porte en soi, à cette petite flamme qui continue de brûler en vacillant, même quand on s'imagine que tout est perdu.

Rapidement, nous voyons ces hommes et ces femmes qui se croyaient condamnés à l'échec et à l'isolement perdre ce sentiment d'infériorité qui les minait, et acquérir leur AUTONOMIE CÉRÉBRALE, c'est-à-dire la capacité de s'assumer, de se sentir impliqué dans la marche du monde.

A ces individus assistés ou au seuil de l'être, nous avons rendu l'autonomie et la liberté. Ils ne sont plus une charge ni pour leurs proches ni pour la société.

Qu'on s'entende bien, notre équipe ne prétend pas réaliser de miracles, fabriquer des Einstein ou des Inaudi ! Tout simplement, nous mettons en valeur des terres en friche dont la fertilité était ignorée.

Bien sûr, l'activité de l'Institut ne se borne pas à ce travail. Il joue un rôle de premier plan dans le domaine de la recherche neurophysiologique appliquée, forme un certain nombre de médecins et de biologistes et, surtout, s'emploie à promouvoir auprès du public cette idée capitale : l'hypo-efficience cérébrale ne doit plus désormais être considérée comme inévitable mais, au contraire, peut être combattue et vaincue.

Je vous propose maintenant un petit « jeu de miroir » qui vous permettra de mieux pénétrer l'esprit de la Gym Cerveau. Ce n'est en aucune manière un test scientifique ! Il se veut tout simplement un révélateur de votre efficience cérébrale.

Prenez un crayon et, dès que l'un des quarante cas cités vous paraît s'appliquer à vous, cochez-le d'une croix.

Montrez-vous le plus sincère possible, sinon le jeu perdrait tout intérêt.

Notez soigneusement votre score et plus tard, lorsque vous aurez acquis la technique Gym Cerveau, je vous conseille de recommencer l'exercice : gageons que vous aurez d'heureuses surprises !

1. Quand je cherche à garer ma voiture, j'hésite si longtemps avant de me décider pour telle ou telle place disponible que souvent... je laisse finalement passer l'occasion.......... ☐

2. Il m'arrive fréquemment de quitter mon appartement en laissant une lumière allumée ou une fenêtre ouverte, etc. .... ☐

3. Lorsque j'achète un appareil nouveau, je le manipule en essayant de trouver comment il fonctionne et ce n'est qu'en désespoir de cause que je consulte son mode d'emploi, que je trouve d'ailleurs souvent mal rédigé .... ☒

4. Au supermarché, quand on change certains produits de place ou, pire, l'emplacement des rayons, je me sens perdu(e). Plusieurs jours de suite, je me perds dans les allées avant de m'habituer à la nouvelle disposition .... ☐

5. J'oublie fréquemment où j'ai pu placer les objets d'usage courant — mes clés, mes lunettes, mon portefeuille, mon briquet ou mes allumettes, mon stylo, mon carnet d'adresses, etc. .... ☒

6. Dès que je dois me servir de mes mains, je deviens maladroit(e), qu'il s'agisse de jeux d'adresse (comme le Mikado) ou d'ouvrir une boîte de conserve, de bricoler... .... ☒

7. C'est fou ce que les enfants qui jouent autour de moi peuvent vite m'agacer ! J'ai beau les aimer, ils me compliquent la vie... .... ☐

8. A la télévision, je connais fort bien les présentateurs et, pourtant, il m'arrive souvent de donner à l'un le nom de l'autre .... ☒

9. Il n'est pas rare, dans les premiers mois de l'année, que je date mes chèques de l'année précédente .... ☐

10. Aux jeux radio ou télé, je trouve souvent les bonnes réponses... Hélas ! je les annonce presque toujours trop tard .... ☒

11. Je me soucie peu de mon apparence physique : l'élégance me semble quelque chose de superflu, qui ne concerne que les autres.......... ☐

12. Je suis incapable de fournir de mémoire mon numéro de sécurité sociale ou le code confidentiel de ma carte de crédit................ ☐

13. Je pense que la vie ne vaudrait pas la peine d'être vécue s'il devait m'arriver un handicap important, comme la perte de la vue, d'une main, ou encore une maladie grave.......... ☐

14. L'idée de me rendre dans un pays où je devrais me débrouiller avec une autre langue que la mienne m'angoisse .... ☐

15. Je connais des histoires drôles sur le bout des doigts et pourtant, quand je les raconte, j'oublie un détail important, j'intervertis les répliques, je manque mes effets... Bref, c'est souvent le bide !............................ ☒

16. Je suis persuadé(e) que je ne vivrai pas jusqu'à un âge très avancé.......................... ☐

17. Lorsque je regarde la télé, je change souvent de chaîne, même en cours de programme, car je me lasse vite .... ☒

18. Quand j'ai des courses à faire, pour ne rien oublier, je dois prendre la précaution d'établir une liste. Si je l'égare, je me sens perdu(e)... ☒

19. Même si je possède un plan précis du quartier où je dois me rendre, une fois sur les lieux, je ne parviens pas à situer les rues, à trouver la bonne direction... et il ne me reste plus qu'à me renseigner auprès du premier passant venu .... ☒

20. Si je discute musique, mode ou politique avec mes enfants ou mes petits-enfants, je me heurte assez rapidement à eux.............. ☒

21. Quand je monte dans un train, plutôt que de consulter les panneaux ou les étiquettes indiquant les places louées, j'ai l'habitude de demander à la cantonade : « Est-ce qu'il y a une place de libre ? »........................ ☐

22. Il m'arrive assez souvent d'oublier quelque chose sur le feu ou dans le four (de l'eau, des œufs, une viande, etc.)........................ ☒

23. Lorsque je regarde les photos de vacances, je confonds fréquemment les villes, les monuments, les dates où elles ont été prises ...... ☐

24. Si j'héritais d'une grosse somme, je songerais immédiatement à en faire bénéficier un enfant, une association charitable ou une organisation humanitaire, plutôt que moi-même .... ☒

25. Si on me fournit un prix ou un chiffre de revenus, je ne suis capable d'en évaluer la grandeur réelle qu'en le convertissant en anciens francs .... ☒

26. Lorsque je change de voiture, il me faut beaucoup de temps avant de m'habituer au maniement de mon nouveau véhicule........ ☐

27. Je déteste qu'on me change mes affaires de place !.................................. ☒

28. Il m'arrive de ne plus me souvenir d'un article de journal... que je viens pourtant de lire peu de temps auparavant........................ ☒

29. Souvent, quand le feu passe au vert, j'entends les voitures qui me suivent klaxonner à qui

mieux mieux, sous prétexte que je ne démarre pas assez vite .... ☐

30. Si l'on sonne à ma porte alors que je suis occupé(e) à une tâche précise ou délicate, je ressens une sorte de petit affolement et mets un certain temps avant de me décider à stopper mon travail et à aller ouvrir .... ☐

31. Par inadvertance, il m'arrive de sucrer une boisson ou de saler un plat plusieurs fois .... ☐

32. Je trébuche sur les mots nouveaux, en particulier les noms propres, et, quand j'ai pris le pli de les écorcher, j'ai du mal à m'habituer à les prononcer correctement................. ☐

33. Lorsque les renseignements téléphoniques me fournissent le numéro d'un correspondant, je dois aussitôt le noter sous peine de l'oublier, même si j'ai l'intention de l'appeler dans les minutes qui suivent .... ☐

34. Si je découvre qu'il me manque de l'argent, la première idée qui me vient à l'esprit est que quelqu'un me l'a volé....................... ☐

35. Il m'arrive de saluer dans la rue des personnes... qui me regardent avec étonnement. Je m'aperçois alors que j'ai commis une méprise .... ☐

36. Quand je couche dans un autre lit que le mien, je trouve difficilement le sommeil et il n'est pas rare que je passe la nuit sans fermer l'œil .... ☐

37. Pour entrer ou sortir de ma banque, je dois passer dans le sas de sécurité, dont les portes sont si compliquées à commander... que je me retrouve souvent bloqué(e) .... ☐

38. Ce sont toujours les deux mêmes villes, ou les deux mêmes équipes sportives, ou les deux mêmes événements que je confonds .... ☐

39. Seul mon milieu professionnel, actuel ou passé, m'intéresse vraiment. Les autres me sont assez indifférents .... ☐

40. Si l'un de mes commerçants habituels ferme boutique, me voilà assez perturbé(e) et je dois dire que je mets beaucoup de temps avant de me décider à en élire un autre.............. ☒

A quel total êtes-vous parvenu ?

Moins de 5 croix ? Vous n'êtes pas actuellement concerné par le problème... à moins que vous vous soyez montré un peu trop optimiste. Dans ce cas, je vous conseille de refaire ce petit parcours en vous obligeant à bien respecter la vérité, votre vanité dût-elle en souffrir un peu...

De 5 à 30 croix ? A des degrés divers, ce manque d'efficacité est à considérer comme un risque possible.

De 30 à 40 ? Vous avez sans doute tendance à vous sous-évaluer, à considérer comme un défaut habituel ce qui ne vous advient peut-être qu'épisodiquement. Reprenez le parcours en vous montrant moins sévère... ou moins pessimiste.

Mais oublions un peu les chiffres.

Ce qui importe surtout, c'est l'ÉTAT D'ESPRIT avec lequel vous avez interprété votre score.

Le résultat vous a inquiété ? Il ne faut pas dramatiser, ce n'est, je l'ai dit, qu'un jeu, et qui n'a rien de scientifique. En revanche, le fait qu'il vous ait sensibilisé au problème est positif : vous serez ainsi motivé pour vous attaquer à vos faiblesses et les vaincre.

Vous vous êtes contenté de hausser les épaules en pensant : « Certes, j'ai un nombre de croix assez consistant, mais qui d'entre nous n'a pas ses petites manies, ses travers ? Ils font partie de la vie et, tout compte fait, sont tellement secondaires... »

Ne seriez-vous pas de la catégorie de ces gens qui, ayant mal aux dents, se refusent à consulter un dentiste, affirment que ce n'est pas grave, que cela passera... et se retrouvent quelque temps plus tard sur le fauteuil du praticien avec une solide carie nécessitant des soins longs et douloureux — alors que les choses auraient été plus simples si le mal avait été pris à son origine ?

A l'Institut, nous recevons souvent des personnes qui nous indiquent que, dans un premier temps, elles ont eu cette réaction d'indifférence ou de refus... et à qui la vie, malheureusement, s'est chargée de faire prendre conscience de la nécessité de changer radicalement leur attitude. Certains, qui se croyaient les plus performants et les plus efficaces dans leur travail, ont été supplantés par un collègue ou un nouvel arrivant considéré comme plus apte, plus agile d'esprit, et ont vu alors pointer le spectre du chômage. Pour d'autres, c'est la mort de leur conjoint ou d'une personne chère, ou bien encore le brusque changement de vie dû à la retraite qui les ont fait peu à peu démissionner...

Je ne prétends aucunement qu'un tel sort vous guette !

Je pense simplement que la Gym Cerveau, en vous « gymnastiquant » de la même manière qu'un athlète de haut niveau entretient son corps, constituera à la fois un maintien en forme permettant de mieux franchir les obstacles de la vie et une sorte d'assurance en cas de coup dur — un obstacle plus important surgissant comme une haie plus élevée que les autres, en quelque sorte.

Cette image sportive n'est pas fortuite : on sait que les grands champions, lorsqu'ils sont victimes de graves accidents corporels, guérissent plus vite que la moyenne des gens. On a vu récemment le cas d'un pilote de formule 1, victime de nombreuses fractures et lésions, dont la rapidité de la rééducation puis du rétablissement a été considérée comme « miraculeuse ». En l'espèce, il ne s'agissait en aucune manière d'un phénomène surnaturel : son corps, ses muscles, constamment surveillés et maintenus en excellent état avant son accident, sa mentalité de « gagneur », avaient simplement accéléré de beaucoup le processus de sa guérison.

Être performant, résister aux épreuves, les surmonter, c'est à quoi vous conduit la pratique de la Gym Cerveau.

Encore faut-il que vous soyez convaincu d'une chose, et à tout moment : c'est que rien d'efficace ne pourra être fait si vous n'éprouvez pas le désir de vous prendre en main, si votre volonté n'est pas plus forte que vos états d'âme.

Êtes-vous décidé à vous investir ?

Parfait, commençons !

Voyage dans la mécanique cérébrale

Je suis persuadée que, pour agir efficacement, il faut connaître le comment et le pourquoi des choses. Sinon, on avance comme à tâtons, on tourne en rond, on se perd en chemin... Bref, les motivations qui sous-tendent l'effort, la volonté de progresser ne reposant pas sur des bases assez solides, on risque de s'effondrer en cours de route.

Aussi me semble-t-il capital que vous sachiez, dans ses grandes lignes, comment fonctionne (bien ou mal) cette partie de vous-même qui va être l'objet de vos soins et de votre sollicitude : votre cerveau. Cette merveilleuse mécanique, vous le constaterez, est très complexe : c'est pourquoi j'ai glissé au cours de cette initiation quelques petits exercices qui vous aideront à mieux voyager...

Comment « marche » votre cerveau

Si étonnant que cela puisse paraître, l'homme a mis très longtemps avant de reconnaître au cerveau sa véritable importance. Les Égyptiens étaient persuadés que le siège des pensées et des sentiments ne se trouvait pas dans cette masse grisâtre et ridée, apparemment inerte, mais dans le diaphragme et surtout le cœur, organe « noble » parcouru de mouvements rythmés distribuant ce liquide vital, presque magique : le sang. Pendant des siècles, on a fait de ce muscle le siège des passions (ce qu'il continue d'être sur le plan symbolique et poétique). Il a fallu attendre la Renaissance pour qu'un premier ouvrage scientifique soit enfin consacré au cerveau, et ce n'est qu'à la fin du XIXe siècle que, grâce à des méthodes d'investigation sophistiquées, on a pu mener une étude plus approfondie de cet organe encore mystérieux (la technique de l'examen au microscope du tissu cérébral date de 1875 et c'est en 1906 que deux chercheurs, Camillo Golgi et Ramon y Cajal, neurophysiologistes, ont obtenu le prix Nobel pour leurs travaux sur la structure du système nerveux). Notons que, jusqu'à une date encore récente, la mort légale était définie par l'arrêt des battements cardiaques alors qu'aujourd'hui elle l'est par l'arrêt des fonctions cérébrales (l'encéphalogramme « plat »).

On sait maintenant que le « grand patron » du fonctionnement de notre corps, de nos organes, de nos sens, c'est le cerveau qui, prolongé par la moelle épinière, commande un réseau de « nerfs » lui apportant des informations et transmettant ses ordres, véhiculés par diverses substances chimiques et des courants électriques. Le tout forme ce qu'on appelle le *système nerveux*.

Ces dernières années, des techniques très pointues de neurophysiologie ont fait avancer d'un pas de géant la connaissance du fonctionnement de ce système. Mais, en même temps, et c'est là le propre de bien des disciplines scientifiques, on a pu vérifier que ce qu'on croyait simple était en réalité fort sophistiqué. Souvent, au fur et à mesure qu'on résolvait des problèmes, de nouvelles questions se posaient. Il faut dire que l'étude du système cérébral est rendue particulièrement délicate pour deux raisons principales : d'une part, il fonctionne à une vitesse vertigineuse, faisant intervenir des phénomènes électriques et chimiques complexes pour des tâches multiples et très diversifiées, ce qui met à rude épreuve les appareils d'observation ; d'autre part, il est le siège de la « pensée » et, là, le scientifique se doit d'avancer avec prudence et humilité...

Cette complexité et ces zones d'ombre énoncées, je vais maintenant vous décrire, de manière très simplifiée, le fonctionnement du système cérébral.

Pour cela, partons d'un événement apparemment banal, qui nous servira de référence pour cheminer dans cet univers : vous vous promenez dans la rue, une affiche se présente à votre vue et retient votre attention.

Comment les choses se passent-elles ?

Tout d'abord, l'image de l'affiche se forme sur votre rétine et y est analysée par des milliers de cellules spécifiques (dites *cônes* et *bâtonnets*) qui la transforment en un certain nombre de signaux électriques constituant ce qu'on appelle l'*influx nerveux.* (C'est un phénomène un peu semblable à la transformation, par un micro, des vibrations sonores en impulsions électriques.) En même temps, vos autres capteurs (ceux des oreilles, du nez, de la peau) recueillent d'autres observations (bruit de rires, odeurs de friture d'un restaurant proche, sensation de chaleur...) qui, elles aussi, se transforment en signaux électriques. A cela s'ajoute une charge affective (humeur du moment, plaisir esthétique, réprobation, etc.). Plusieurs sens sont donc mis à contribution, pour constituer une information *globale*[1].

Voir, entendre sont des activités fonctionnelles naturelles pratiquées dès le premier jour de notre vie. Pourtant, si on élève un chaton dans un milieu où on ne lui propose que des lignes verticales, il ne sera plus capable ensuite de distinguer les structures horizontales. On peut donc en déduire que nous devons « roder » les instruments de perception que nous recevons à notre naissance, faute de quoi ils ne fonctionneront pas, dans la suite de notre vie, au mieux de leurs capacités. Dans ce « rodage », le facteur social tient une place importante : ce sont *les autres* qui nous aident à éduquer nos propres fonctions. Un enfant privé d'interlocuteur ne parlera pas (ce fut le cas des « enfants-loups »). A l'autre bout de la chaîne de la vie, une personne âgée mise à l'écart verra ses fonctions sensorielles se détériorer plus rapidement que si elle était restée au contact de ses semblables.

Partant des capteurs, l'influx nerveux parvient au cerveau en passant par des cellules nerveuses qu'on appelle des *neurones.*

Les neurones sont extrêmement nombreux : chacun de nous, à sa naissance, en reçoit un contingent d'à

1. Notons que ce phénomène ne se borne pas au milieu extérieur : si vous avez mal à l'estomac, par exemple, c'est parce que d'autres capteurs, situés dans cet organe, vous ont alerté.

peu près quatorze milliards ! Ils ne se reproduisent pas et, au fil des ans, leur nombre diminue, nous le verrons. De dimensions et de formes très variées selon le rôle qu'ils ont à jouer, ils peuvent se grouper pour former des colonies et peuplent notre corps d'une sorte de réseau aux mailles très serrées, continuellement sous tension.

Un neurone type (*figure 1*) est le siège de trois activités principales. D'abord, la réception de l'influx nerveux : ce sont les *dendrites* qui jouent ce rôle. Ensuite, la conduction de cet influx, à travers l'*axone*, qui est un peu le « bras » du neurone. Enfin, la transmission au neurone suivant par l'entremise de la *synapse*. Notons qu'au niveau de cette synapse, les neurones ne se touchent pas entre eux. L'espace qui les sépare est appelé synapse. C'est à cet endroit qu'il y a transmission de l'influx nerveux, donc de l'information, par l'intermédiaire de substances chimiques, les *neuromédiateurs* (acétylcholine, noradrénaline, dopamine, sérotonine, etc.) qui permettent la transmission de l'influx.

Qu'il effectue ce travail ou soit simplement en état de veille, et susceptible de le faire à tout moment, le neurone a besoin d'énergie. C'est le *corps* cellulaire qui est chargé de cette production. Pour ce faire, il consomme du glucose et de l'oxygène que lui apportent des vaisseaux sanguins aussi fins que des cheveux (d'où leur nom de *capillaires*) qui se trouvent à proximité. On appelle le fonctionnement de cette sorte de mini-centrale électrique le *métabolisme* du neurone.

Chaque neurone, on le voit, constitue un petit monde tenant son rôle et assumant sa nutrition. Si nous avons pris ici l'exemple de neurones acheminant des signaux électriques au cerveau (neurones sensitifs), d'autres ont pour mission de transmettre des ordres venus du cerveau aux muscles, par exemple (motoneurones) en empruntant divers trajets, comme la moelle épinière.

Lorsque nous faisons le moindre mouvement, mani-

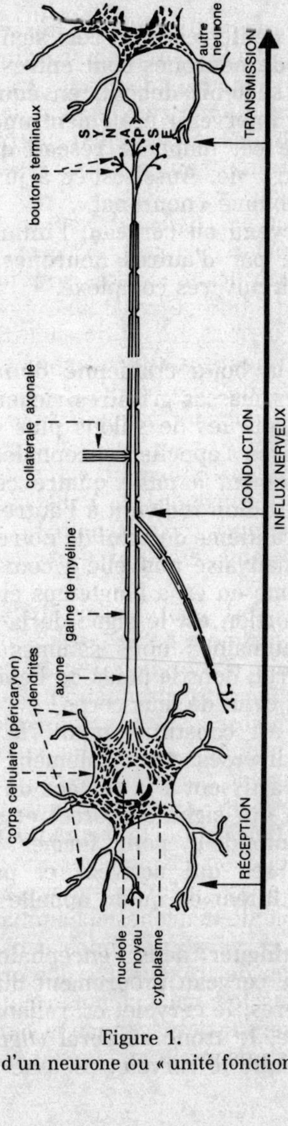

Figure 1.
Schéma d'un neurone ou « unité fonctionnelle ».

festons la plus petite réaction, cela signifie qu'un très grand nombre de neurones sont entrés en action. Le simple fait de se tenir debout, en équilibre sur ses jambes, en fait intervenir également une bonne quantité au sein de cet immense réseau qui agit à tout moment de notre vie. Aussi est-ce à juste titre qu'on a pu parler d'homme « neuronal ».

Une fois parvenu au cerveau, l'influx nerveux est pris en charge par d'autres neurones, qui lui font accomplir un circuit très complexe.

Si on ôtait la boîte crânienne d'un individu, on découvrirait des masses grisâtres richement irriguées de sang et parcourues de sillons plus ou moins profonds. Cette masse s'appelle l'encéphale. Son poids est estimé généralement à mille quatre cents grammes, mais peut varier d'un individu à l'autre. Il représente environ le quarantième de celui de notre corps. Je dois apporter une mauvaise nouvelle à ceux qui croyaient encore — comme on en a longtemps été persuadé — que cette proportion est le signe de la supériorité de l'intelligence humaine : nous sommes battus par le ouistiti et le furet, dont le poids de l'encéphale atteint le douzième de celui de leur corps !

L'encéphale est constitué, pour 75 p. 100, d'eau et de cellules diverses, principalement des neurones. Certains se répartissent à la surface du cerveau, dans le cortex (nom qui signifie écorce) et sous forme de noyaux en profondeur pour former la « substance grise ». Les fibres qui arrivent et partent de ces neurones constituent ce qu'on appelle la « substance blanche ».

On peut distinguer, dans l'encéphale, trois parties importantes : le cerveau proprement dit, constitué de deux hémisphères, le cervelet et, reliant les deux à la moelle épinière, le tronc cérébral (*figure 2*). Notons pour mémoire que le cervelet est une région dont la

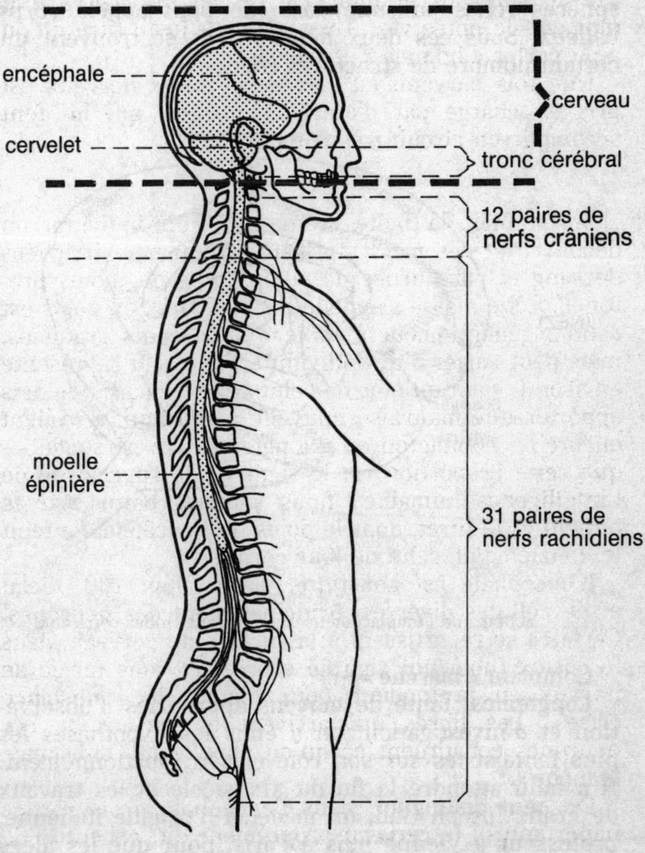

Figure 2.
Schéma de l'emplacement du système nerveux central.

fonction principale est la coordination de nos mouvements, par exemple lors de la station debout, de la marche, de la natation, etc.

Le cerveau proprement dit est formé de deux hémisphères reliés par une sorte de pont appelé *corps calleux*. Sous ces deux hémisphères se trouvent un certain nombre de structures (*figure 3*).

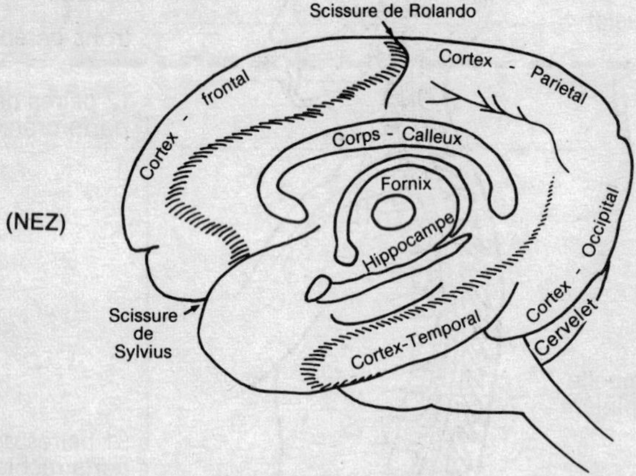

Figure 3.
Schéma de l'emplacement des différents lobes corticaux.

Comment « marche »-t-il ?

Longtemps, faute de moyens appropriés d'observation et d'investigation, on a émis les hypothèses les plus fantaisistes sur son rôle et son fonctionnement. Il a fallu attendre la fin du XIXe siècle et les travaux de Franz Joseph Gall, un médecin d'origine italienne, professeur à Vienne puis à Paris, pour que les idées en ce domaine prennent un tour plus positif. Gall collectionnait, pour les étudier, des crânes de criminels et de malades mentaux ainsi que des bustes d'hommes

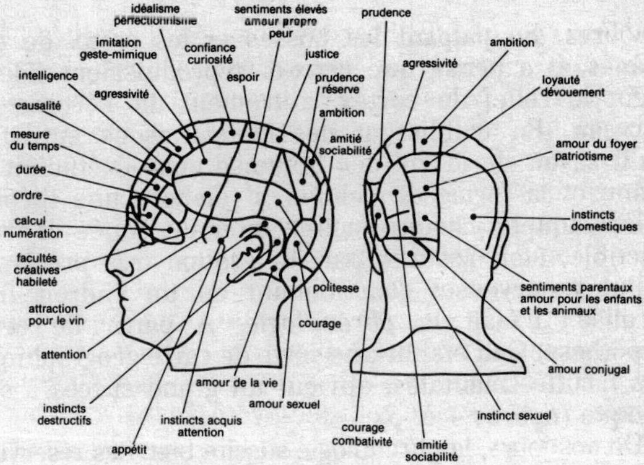

Figure 4.

Carte phrénologique des localisations des facultés mentales (d'après une publication contemporaine de Gall) extraite des *Fonctions corticales supérieures de l'homme*, A.R. Luria, P.U.F., 1978.

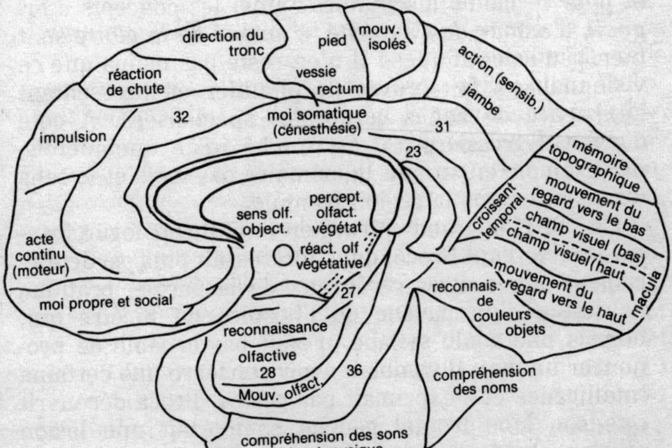

Figure 5.

Carte des localisations selon Kleist, 1934.

célèbres. En palpant les bosses et les creux de ces crânes, il a pensé que ceux-ci reproduisaient fidèlement le relief du cortex, autrement dit l'écorce du cerveau. En établissant des comparaisons entre ce qu'il savait de la vie des hommes dont il étudiait le crâne et la forme de celui-ci, il élabora une théorie selon laquelle chaque faculté mentale, innée et irréductible, était assurée par un groupe très précis de cellules nerveuses fonctionnant en un endroit très localisé : c'était la *phrénologie.* A partir de cette hypothèse, Gall établit une sorte de carte géographique des facultés mentales, qui eut un grand succès à son époque (*figures 4 et 5*).

De nos jours, la phrénologie suscite bien des réserves. D'abord, s'il est vrai que nous naissons avec un certain patrimoine cérébral dans nos gènes, nos facultés se modifient sous l'influence de notre vie sociale. Ensuite, certaines localisations nous paraissent fort curieuses et pour le moins discutables : ainsi les concepts d'*orgueil*, d'*amour de l'autorité*, d'*amour de la gloire* sont bien peu scientifiques ! Il n'en reste pas moins que ce visionnaire a fait œuvre de pionnier en pressentant l'existence de zones cérébrales spécialisées. A côté d'erreurs grossières, il est tombé juste quelquefois, par exemple en situant la mémoire des mots et le sens du langage dans la région frontale.

En 1861, le grand chirurgien et anthropologue français Pierre-Paul Broca, qui s'intéressait plus particulièrement aux centres cérébraux de la parole, pratiqua l'autopsie d'un malade de l'hospice de Bicêtre qui, hormis une seule syllabe, n'était pas capable de prononcer un mot. Il semblait avoir conservé une certaine intelligence et s'exprimait par gestes. Broca découvrit que son lobe frontal gauche comportait une lésion ayant probablement entraîné la perte de la parole. Cela confirmait l'hypothèse de Gall, du moins en ce qui concerne cette localisation. Mais l'homme, nous l'avons dit, prononçait tout de même une syllabe : la lésion

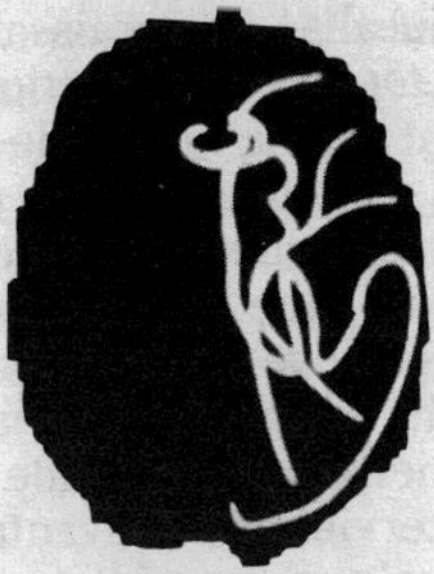

Figure 6.
Trajet des signaux dans le cerveau lors d'un exercice de mémoire[1].

Figure 7.

A. « Image en direct » tomoscintigraphie du cerveau chez un sujet jeune à l'état de repos.

B. Chez le même sujet pendant un acte de mémoire, il y a augmentation de régions cérébrales actives[2] (régions foncées).

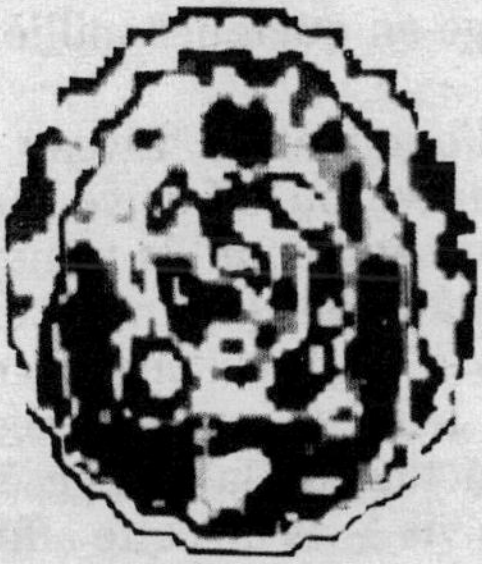

1. *Age et cerveau fonctionnel*, réalisateur : Éric Duvivier, janvier 1986. (Festival « Film et livre médical », photothèque laboratoires Fabre.)
2. *Gerontology* 32/51/1986.

d'un secteur très localisé ne paraissait donc pas entraîner la disparition *totale* de la fonction.

On sait à présent que la notion de localisation ultraprécise doit être abandonnée au profit de régions fonctionnelles (sensorielles, motrices...) plus vastes. On considère aussi que l'hémisphère gauche (des droitiers), plus spécialisé dans les fonctions de l'écriture, du calcul, du langage et de la pensée logique, aurait une appréhension du monde plus intuitive et plus globale et interviendrait davantage dans des activités comme la musique, la création artistique, encore qu'il ne faille pas se montrer trop catégorique dans ce domaine comme on l'a fait un certain moment, particulièrement aux États-Unis, car un très grand nombre de fibres, à travers le corps calleux, font communiquer les deux hémisphères, qui travaillent en synthèse.

Que se passe-t-il quand les signaux électriques porteurs des informations concernant l'affiche (*cf.* p. 26) arrivent au cerveau ?

Ils suivent un périple à travers les aires de projection qui n'est pas sans évoquer... le trajet d'une bille d'acier dans un billard électrique, à la différence que les signaux effectuent le voyage en quelques millièmes de seconde !

J'ai pu établir que chez l'homme, au niveau des aires primaires, visuelle, auditive ou olfactive où ils arrivent tout d'abord, les informations qu'ils transportent sont traitées et donc transformées (*figures 6 et 7*). Ensuite elles sont comparées à ce que l'on sait déjà sur tout ce qui concerne les affiches, et donc reconnues, identifiées. Puis, en fonction de la charge émotionnelle que nous ressentons vis-à-vis de cette affiche, nous allons décider de fixer ces informations profondément ou pas.

Nous avons observé que deux trajets peuvent donc se présenter : ou bien ces informations, partant d'une zone du cortex frontal qu'on appelle le *cingulum*, sont directement distribuées, irradiées par le cingulum au niveau des deux hémisphères pour être fixées à long terme, stockées en quelque sorte, ou bien, et notamment parce qu'elles sont dotées d'une charge affective importante, elles repartent dans l'hippocampe et font plusieurs aller et retour entre ce dernier et certaines régions du thalamus avant de regagner le cingulum, qui les envoie enfin dans les hémisphères.

Ainsi, en quelques millièmes de seconde, les signaux traités ont effectué un voyage mettant en jeu des aires différentes en fonction des diverses composantes de ce qui constitue la « perception » de l'affiche, avant d'être archivés sous forme de *traces mnésiques* plus ou moins durables.

Lorsqu'on va faire appel (volontairement ou involontairement) aux documents archivés dans notre cerveau, ceux-ci vont suivre un parcours qu'on s'accorde souvent actuellement à estimer identique à celui de l'entrée, mais variant selon qu'il s'agit de mémoire immédiate ou à long terme. Sortant de leur site de stockage, ils vont gagner leur aire d'émission, au niveau des aires de réception corticales, sous forme de souvenirs. Ils ressortent donc par où ils étaient entrés. C'est vraisemblablement un neuromédiateur appelé *dopamine* qui transporte les signaux à la sortie, ainsi que je l'ai montré dans certaines de mes communications.

Ainsi, regarder une affiche pendant quelques secondes, puis s'en souvenir met en action des mécanismes extrêmement sophistiqués. Non seulement des impulsions électriques et des substances chimiques transitent à une vitesse extrême par des chaînes formées de centaines de milliers de neurones qui consomment du glucose et de l'oxygène, mais un certain nombre d'aires du cerveau, en liaison les unes avec les autres, échangent des signaux, les stockent et les ressortent à une cadence également vertigineuse.

Or, à chaque seconde de notre vie, et même pendant nos heures de sommeil, comme le démontrent nos rêves, cet impressionnant dispositif est sous tension. Il ne se relâche jamais.

Si l'on songe que la vue d'une affiche ne représente qu'une partie infime de nos activités cérébrales journalières, on mesure combien notre système nerveux est une merveilleuse machine — si merveilleuse d'ailleurs qu'on est loin d'en connaître tous les mystères. Beaucoup de points d'interrogation subsistent, ce qui donne lieu à des thèses souvent séduisantes, mais dont aucune ne parvient encore à donner entièrement satisfaction.

La neurophysiologie a encore de vastes espaces à conquérir. Sans nul doute sera-t-elle la grande conquête du XXIe siècle.

J'ai utilisé les termes *machine, mécanique, courants électriques, stockage...*

Une question vous vient peut-être à l'esprit : ces fameux ordinateurs, à propos desquels on parle de mémoire électronique, d'intelligence artificielle, ne peuvent-ils imiter, voire supplanter, l'esprit humain ?

A une époque où l'on a tendance à mélanger science et science-fiction, je crois qu'il n'est pas inutile de faire le point et de remettre un peu les pendules à l'heure.

L'ordinateur est un outil fort intéressant. Par les exceptionnelles performances qu'il réalise dans le domaine quantitatif, il facilite la vie de l'homme — du moins quand celui-ci ne l'utilise pas, hélas ! pour détruire d'autres vies. Il lui permet aussi de réaliser des pas de géant dans bien des domaines, la conquête de l'espace par exemple.

Mais s'il est vrai qu'il est manié par l'homme, il ne

crée pas : il pense dans les limites qui lui ont été données.

Les composantes essentielles de toute pensée organisée — conscience de sa propre existence, finalité, sensations et sentiments, subconscient, pulsions essentielles — sont absentes de cette structure inerte qui n'est qu'un objet et non un être animé de vie.

De plus, dans l'état actuel de nos connaissances, nous sommes incapables de concevoir un ordinateur susceptible, après qu'on lui en a fourni les données, de reconstituer le trajet d'une créativité humaine très simple — celle suscitée par exemple par la vision de notre affiche. En effet, aucun appareil ne peut présenter la complexité équivalente au nombre de synapses que l'on trouve dans le cerveau (évalué à cent mille milliards...)

Peut-être l'homme sera-t-il capable de le réaliser un jour, en supposant que la fabrication d'un fac-similé d'un trajet de créativité offre le moindre intérêt. Mais il est probable que l'appareil coûterait une fortune et devrait avoir l'encombrement d'un immeuble de plusieurs étages, car il faudrait y loger tout le système de capteurs, de transmetteurs, de codeurs, de stockeurs... Alimenter un tel monstre demanderait d'ailleurs des années de travail puisque, nous l'avons dit, toute information est globale (à l'image de l'affiche se sont mêlés les odeurs, les bruits, les sensations, l'humeur du moment, etc., toutes choses qui devront être transformées en données électroniques).

Supposons qu'on veuille un jour reproduire... toute une journée de nos pensées et de nos souvenirs : il faudrait alors construire une ville bourrée d'appareillages !

Non, l'ordinateur n'est pas près d'égaler l'homme...

Le jeu d'échecs, terrain sur lequel certains ont voulu croire que son « intelligence » allait pouvoir se manifester, nous en offre un exemple très probant.

L'ordinateur « joueur d'échecs » peut être programmé par un champion, qui aura déterminé les diverses tactiques à suivre. Dans ce cas, vous ne jouez par contre un « cerveau » artificiel, mais contre Fisher ou Kasparov (à la différence, et elle est de taille, qu'ils ne sont pas présents pour improviser sur le moment une parade de génie). Si vous étudiez très soigneusement les stratégies que l'un ou l'autre de ces joueurs a stockées dans la machine, vous parviendrez à battre ce « sous-produit » de champion.

L'ordinateur joueur d'échecs peut aussi avoir été nourri de façon purement mathématique. Dans ce cas, à chaque coup joué, il se réfère à des données statistiques fixes, choisit parmi toutes les tactiques possibles celle qui lui offrira le plus gros pourcentage de réussite.

Apparemment, il est invincible.

Pourtant, il existe une parade, et elle est simple : vous jouez un coup dont le pourcentage de réussite est CONTRE vous. L'appareil, incapable de dévier de la stratégie purement quantitative pour laquelle il a été conçu, et donc de prendre en compte le piège que vous lui tendez, est entraîné à commettre une faute. Il ne peut rien contre une pensée humaine, seule capable d'inventer une tactique *irrationnelle* du point de vue mathématique.

On vérifie bien qu'on n'a vraiment affaire qu'à des outils lorsqu'on oppose deux ordinateurs de même modèle (alors qu'il n'existe pas deux cerveaux identiques) programmés selon l'une ou l'autre méthode. Immanquablement, celui qui a l'avantage de l'attaque remporte la partie et, comme chacun ouvre à son tour, ce sera le match nul jusqu'à la fin des temps... ou la casse des appareils.

L'homme, enfin, présente par rapport à l'ordinateur une dernière particularité, qui n'est pas forcément à son avantage : jamais son système cérébral n'enregistre, ne stocke ou ne restitue les données de façon parfaite, automatique, comme pourrait le faire une machine.

C'est ce que nous allons voir à présent.

Petit exercice d'attention

- Quel est le texte de la dernière ligne de la page précédente ? (Ne trichez pas...)
- Comment s'appelait la théorie mise au point par Gall ?
- Quelle est la localisation qu'il avait pressentie de façon exacte ?
- Jetez un bref coup d'œil sur la page précédente. En trente secondes, dites combien elle comporte approximativement de mots : cent cinquante ? trois cents ? cinq cents ?
- Pouvez-vous élaborer, pour parvenir à cette évaluation, un système pratique et rapide ? Lequel ? Y en a-t-il d'autres ?
- Imaginez d'autres exercices pour ce chapitre.

Comment notre cerveau ne « marche » pas

Si cette merveilleuse mécanique ultrasophistiquée que nous venons de décrire ne fonctionne jamais à son rendement maximal, il y a à cela plusieurs raisons.

Tout d'abord, l'homme n'est pas une créature parfaite — rien de ce qui est matière vivante ne l'est. Chacun de nous naît avec un certain nombre d'altérations anatomiques, dont certaines sont dues à l'hérédité...

Ensuite, l'homme étant une créature pensante, il se produit des blocages, à court ou à long terme, nés de notre affectivité ou de notre subconscient. (Sans que nous ne nous en rendions compte, nous ne VOULONS pas nous souvenir de tel ou tel événement jugé désagréable. Il arrive d'ailleurs qu'il resurgisse de façon inopinée, car notre mémoire nous joue des tours...)

L'homme étant une créature sociale, l'environnement culturel ou affectif façonne notre système cognitif. Ceux qui ont la chance de naître dans des milieux très intellectualisés baignent, dès l'enfance, dans un certain climat qui favorise l'éveil et le fonctionnement de leurs facultés — encore qu'il ne faille pas exagérer ce rôle : s'il est important, il n'est pas forcément déterminant.

Enfin, les diverses composantes de la mécanique

cérébrale — capteurs, transmetteurs, cerveau — peuvent subir des avatars qu'on peut schématiquement classer en trois catégories :

— la machine casse ;
— la machine a des ratés ;
— la machine s'use.

Au niveau des capteurs, la « casse » est souvent due à des accidents corporels. La section d'un nerf optique, par exemple, prive l'œil de tout ou partie de sa vision, celle d'un élément important de l'appareil auditif entraîne des phénomènes de surdité, etc.

Il en est de même pour les neurones transmettant l'influx nerveux au cerveau.

Au niveau cérébral, les causes de la « casse » sont multiples. Les rappeler toutes serait fastidieux, mais on peut en citer certaines :

Une petite plaque graisseuse qui se trouve dans nos artères peut, pour des raisons chimiques et physiques diverses, se détacher de la paroi vasculaire et donner naissance à une sorte d'agrégat qui, véhiculé par le sang, va venir boucher une artère irriguant le cerveau, causant une hémiplégie.

Une rupture d'anévrisme peut aussi entraîner un certain nombre de troubles, une tumeur peut comprimer le cerveau, etc.

Dans tous les cas, le processus est à peu près le même : certaines populations neuronales, privées de leur nourriture indispensable (oxygène et glucose) voient leur fonctionnement normal perturbé. Si la privation ne dure pas trop longtemps, les neurones peuvent retrouver leur fonctionnement. Dans le cas contraire, ils meurent.

Lorsqu'ils cessent de fonctionner, des troubles apparaissent (troubles de la parole, de l'audition, de la sensibilité, ou encore des comas, voire une épilepsie, etc.).

Quelquefois, lorsque le fonctionnement se rétablit, on constate que les troubles disparaissent complètement. Qui n'a entendu parler d'une personne qui, grâce à une rééducation active, est sortie du coma et a retrouvé assez rapidement une bonne partie, quand ce n'est pas la presque totalité, de ses capacités ?

Mais les médecins nous enseignent aussi à ce sujet une chose fort intéressante : ils ont remarqué que, très souvent, le « retour à la normale » était d'autant plus réussi et plus rapide que la personne touchée avait un caractère bien trempé. Il semble que ceux qui font habituellement montre de volonté ont plus de chances d'émerger et de compenser leur handicap momentané que les autres. C'est là une donnée importante, sur laquelle nous aurons l'occasion de revenir. Même lorsque les neurones sont morts, une certaine récupération est possible.

Comment cela est-il possible ?

Par deux mécanismes principaux. D'abord, dans beaucoup de lésions cérébrales, *tous* les neurones ne sont pas morts. Ensuite, la fonction perdue peut être reprise en charge par d'autres systèmes neuronaux voisins, grâce à une rééducation active : c'est le phénomène de *plasticité cérébrale fonctionnelle.*

Dans certains cas, comme lors du vieillissement « normal », la perte de neurones est compensée par la création de nouvelles jonctions fonctionnelles (par de nouveaux dendrites) : c'est le phénomène de *plasticité structurale,* dont beaucoup de chercheurs ont montré l'existence.

Mais il convient aussi de citer, en revanche, une dégénérescence de certaines populations neuronales qu'on appelle « maladie d'Alzheimer ». Habituellement, on la constatait chez des personnes âgées de soixante-dix à quatre-vingts ans et plus ; à présent, elle est dépistée dès l'âge de cinquante ans — sans doute parce qu'on en prend beaucoup plus conscience. On compte actuellement dans notre pays trois cent cinquante mille cas environ, soit une proportion de 4,5 pour cent des Français ayant dépassé soixante ans. Il apparaît donc que, si cette affection est tragique, elle n'est statistiquement qu'assez réduite.

Pour ce qui est des « ratés » de la mécanique cérébrale, l'échantillon est large !

A toute personne que nous recevons à l'Institut, nous commençons à demander... si sa vue est bonne ou son audition convenable, ce qui ne manque pas de la surprendre : alors qu'elle est venue vers nous parce qu'elle se plaint de troubles de mémoire (c'est ce qu'on appelle la « plainte mnésique ») voilà qu'on lui parle de ses yeux et de ses oreilles !

Quand nous procédons à un rapide *check up* de ces organes, nous nous apercevons qu'une fois sur trois il y a un problème dans ce domaine, qu'il s'agisse de lunettes mal adaptées ou... d'un appareil auditif qu'on se refuse à mettre pour des raisons de coquetterie déplacée !

Or c'est souvent au niveau des capteurs que se produisent les ratés. Reprenons l'exemple de l'affiche : si, au moment de la regarder, vous êtes atteint d'une faiblesse de la vue dont vous n'avez pas forcément pris conscience parce qu'elle est bénigne, le message enregistré sera forcément perturbé et de moindre qualité. Ses autres composantes — sons, odeurs, sensation de chaleur, etc. — peuvent également être altérées.

Le jour où vous regardez cette affiche, vous avez peut-être, pour passer une nuit tranquille, absorbé des somnifères. Or ceux-ci, surtout s'ils sont pris à forte dose ou à répétition, finissent par « abrutir » vos capteurs, les rendre moins vifs, moins rapides.

Êtes-vous sûr que vous n'avez pas non plus pris des médicaments ? Certains créent des troubles secondaires au niveau des capteurs. Lisez attentivement les notices d'emploi.

Des carences en vitamines peuvent, elles, altérer l'ouïe ou la vue. D'une manière générale, tout état pathologique se traduit par un moindre rendement des sens (quand on a la fièvre, par exemple, il est connu que l'on voit et que l'on entend moins bien). Citons enfin le rôle néfaste, bien connu, hélas, de la drogue et de l'alcool. Les accidents de la route démontrent à quel point ce dernier fausse l'évaluation des distances et des formes.

On retrouve, au niveau de la transmission, les mêmes ratés dus aux mêmes causes : somnifères, médicaments, carences, état pathologique, alcool ou drogue perturbent le métabolisme du neurone, le travail des neuromédiateurs ou la circulation de l'influx nerveux. Le message chemine plus lentement et mal.

Mais, dira-t-on, on se rend tout de même compte qu'on n'était pas en pleine possession de ses moyens au moment où l'on a reçu et transmis ce message !

Rien n'est moins sûr.

Nous avons tous tendance à penser que nos sens fonctionnent parfaitement et à « croire nos yeux et nos oreilles ». Aussi, tout naturellement, quand nous interrogeons notre stock d'informations et que celui-ci nous restitue une trace mnésique vague et imprécise (c'est-à-dire dans l'état où il l'a reçue), nous en concluons que nous avons une « mauvaise mémoire » !

Le drame est que bien des myopes ou des malentendants, qui ne veulent pas corriger leurs défauts, ou bien encore des personnes abusant de certains médicaments ou de somnifères, finissent par croire, au fil des années, qu'ils n'ont pas de « mémoire » et, l'admettant comme un mal fatidique contre lequel on ne peut rien faire, s'isolent du monde, se coupent de la société et, d'une certaine manière, accélèrent leur propre vieillissement.

Inversement, nous avons pu aussi constater que certaines plaintes mnésiques commençaient à décroître... quand leur auteur suivait nos conseils et se procurait de meilleures lunettes ou une prothèse auditive !

Je n'irai pas jusqu'à prétendre qu'une bonne paire de lunettes fait recouvrer la mémoire, comme par magie. Néanmoins c'est là un aspect des choses non négligeable.

Pour ce qui est du cerveau, lui aussi connaît des ratés qui peuvent avoir pour cause les mêmes éléments que ceux qui perturbent la réception et la transmission.

Le stress, l'angoisse, les maladies mentales jouent là encore un rôle néfaste.

Citons aussi — et cela peut paraître paradoxal — l'excès de travail. Il faut savoir que notre cerveau, comme notre mécanique cérébrale (et plus généralement, notre organisme) est tenu de respecter un certain rythme biologique. Tel un moteur, il doit opérer un certain nombre de « révisions » à intervalles très réguliers. Si nous lui imposons de fonctionner à une cadence anormale, il se passe un phénomène un peu identique à celui qui se produit quand, au cours d'un même voyage, on franchit plusieurs fuseaux horaires : notre organisme risque d'en être perturbé si nous ne prenons pas la précaution de nous imposer un temps de récupération.

En matière cérébrale, cette perturbation se traduit par le *surmenage*. Les informations arrivent, se fixent et repartent de plus en plus mal, ce qui risque à terme d'entraîner des troubles plus graves.

Parler de l'usure de la mécanique cérébrale, c'est traiter la question du vieillissement.

Il s'agit là d'un problème à la fois brûlant et tabou. Brûlant parce que, grâce au progrès des techniques médicales, l'espérance de vie moyenne de chaque individu a considérablement augmenté alors que la natalité, elle, stagne — si bien que certains ont tendance à crier à la catastrophe, à annoncer que nos sociétés occidentales vont peu à peu disparaître faute de renouveler leur population. Tabou parce que dans une civilisation d'hyperconsommation où l'on a érigé en modèle le « jeune-beau-et-bronzé-qui-réussit-dans-la-vie », vieillir tend à être considéré comme un défaut, quand ce n'est pas une tare...

Vieillir, c'est d'abord constater ses premiers déclins physiques. On s'essouffle à la montée de deux étages, on ne « tient » pas cinq sets lors d'un match de tennis, on commence à ressentir des crampes, voire des rhumatismes, dès une marche de quelques kilomètres et l'on ne peut plus s'offrir le luxe de veiller aussi tardivement qu'auparavant, sous peine de se réveiller très fatigué le lendemain et d'en être perturbé dans son travail.

Vieillir, c'est aussi se regarder dans sa glace et s'apercevoir de l'apparition des premières rides, des premiers cheveux blancs, des imperfections de sa silhouette.

Vieillir, c'est enfin penser que l'on est moins séduisant, moins attirant, que TOUT n'est plus possible...

Biologiquement, le phénomène de l'usure est inéluctable. Nos tissus, nos organes perdent de leur efficacité avec l'âge.

L'ensemble de la mécanique cérébrale n'est pas non plus épargné. Au niveau des capteurs, notre acuité visuelle ou auditive diminue, ainsi que notre sensibilité olfactive, etc. Pour ce qui est de la transmission des informations, celle-ci s'effectue moins vite, d'abord parce que certains neurones sont moins actifs, ensuite parce que la libération des neurotransmetteurs, les échanges enzymatiques et la synthèse des protéines sont ralentis, enfin parce que l'influx nerveux circule moins vite.

En ce qui concerne les neurones, tordons le cou au

passage à une légende : non, les troubles qui accompagnent le vieillissement ne sont pas entraînés par la diminution de leur nombre. Certes, nous en perdons approximativement cent mille par jour ; cela fait un milliard et demi entre trente et quatre-vingt-dix ans. Comme nous en possédions au départ entre treize et quatorze milliards, la perte est minime ! Des travaux récents ont clairement démontré que la sénescence cérébrale ne pouvait être expliquée par la seule raréfaction des neurones.

La barrière hémo-encéphalique qui protège le cerveau des atteintes venues du reste du corps devient plus perméable. Certaines substances, qui étaient auparavant bloquées par cette barrière de sécurité, peuvent désormais passer et se comporter comme des matières toxiques. Notons aussi que la constitution de certaines membranes cérébrales se modifie et qu'elles se fragilisent.

L'homme devient plus fragile aux atteintes intérieures ou extérieures. Il réagit MOINS VITE et À MOINS DE CHOSES. Encore ne faudrait-il pas généraliser : Verdi composait des opéras révolutionnaires à quatre-vingt et un ans, le Titien avait plus de quatre-vingts ans quand il a commencé sa *Pietà*, Picasso au terme de sa vie était en pleine époque créative, et je limite là ma liste... sans parler de ces joyeux centenaires qu'on voit à la télévision et qui ont toute leur tête.

Vieillir biologiquement n'affecte donc pas l'*intensité* et encore moins la *nature* de la pensée. Au contraire même, certaines philosophies accordent un grand prix à la sagesse accumulée au fil des ans et que seuls peuvent atteindre de vénérables « maîtres à penser » dont l'enseignement est suivi avec respect par leurs jeunes disciples. La liste en est fort longue, de Socrate à Confucius...

Mais, direz-vous, cela est fort bien. Alors comment

expliquez-vous le fait que, souvent, les « vieux » ont des pertes de mémoire, ne reconnaissent plus certaines gens, ne peuvent assumer leur vie quotidienne... bref, sont atteints de « gâtisme » ? Le fait est bien connu !

Certes. Et il mérite d'être soumis à une analyse en profondeur. Car nous nous trouvons là face à une extrême confusion. Bien que le sujet soit grave et important, je ne puis m'empêcher d'évoquer une petite histoire drôle. La voici : un jour, un polytechnicien, dont on sait que la logique est le fort, examine attentivement une puce qu'il tient prisonnière. Il crie. La puce saute. Il lui coupe les pattes et crie de nouveau. La pauvre petite bête ne bouge plus. Il en conclut alors doctement : « Coupez les pattes à une puce, elle devient sourde. »

C'est à peu près ce qui se passe avec les personnes âgées. A partir d'altérations purement physiques, on en déduit que les fonctions cérébrales sont atteintes. « Grand-père ne sait plus lire », affirme-t-on, parce que sa rétine ne lui permet plus de voir correctement. « Il vit comme une plante verte »... parce que ses problèmes coronaires lui interdisent certains efforts. « Il n'a plus toute sa tête », parce qu'il a des absences de mémoire... qu'on ne remarquerait pas si elles affectaient une personne plus jeune (tout au plus dirait-on d'elle qu'elle est « distraite »).

La réalité, c'est qu'on peut posséder un cerveau en parfait état de marche mais être physiquement très atteint, et même cloué sur un lit, ce qui peut faire penser qu'on a des troubles cérébraux, ce qui est faux. Il s'agit, pour employer une métaphore, d'une flamme et d'une bougie : la bougie a beau être usée, en grande partie consumée, la flamme est identique... pour qui sait ou veut l'observer. Mais le veut-on vraiment ? Parfois, l'image de l'oncle ou de la grand-mère atteints de « gâtisme » est si utile pour pouvoir l'éloigner un peu, ne plus l'avoir à sa charge car il (ou elle) est si encombrant...

En fait, le plus grand danger qui guette les personnes âgées n'a aucun rapport avec une quelconque atteinte d'ordre physique : il provient de l'environnement social.

Imaginons une personne qui a cinquante ans et qui travaille. Ses fonctions cérébrales fonctionnent à un certain régime (jamais « à plein régime », ne serait-ce que parce que, je l'ai dit, on n'utilise qu'un cinquième de son stock).

Vient l'âge de la retraite — cette retraite souvent si attendue, tant espérée, porteuse de bien des rêves. On s'imagine que, désormais, la vie sera simple et facile, qu'on aura le temps de faire tout ce qu'on veut... et, effectivement, pendant quelques mois, la machine tourne sur sa lancée, on est heureux de souffler un peu, de découvrir un nouvel univers.

Et puis les choses se gâtent.

Les fonctions cérébrales, qui travaillaient à un certain régime, sont beaucoup moins sollicitées. Le cerveau est une pile qui s'use... si on ne s'en sert pas. Notre retraité est alors semblable au sportif qui cesse soudain son entraînement : il perd assez vite sa forme.

C'est la période où l'on se trouve isolé de sa famille ou de son milieu : les enfants se sont mariés, ont fait leur vie, les collègues partent de leur côté à la retraite... et on se retrouve seul.

Une sorte de cassure se produit alors. On a l'impression de ne plus participer réellement à la vie de la société, de n'être utile à rien ni à personne, d'être « en dehors ». Reste à organiser sa propre vie. Or l'univers professionnel était régi par des règles qui, si elles étaient contraignantes, faisaient qu'à chaque moment on était défini, fixé, protégé au sein d'un ensemble. Ces barrières disparues, plus aucune voie à suivre ne se définit et le vaste horizon soudain offert inquiète plus qu'il n'attire.

La réaction la plus immédiate est de se replier sur soi-même, de se fermer au monde, ce qui accentue encore la perte de la forme. Moins on sollicite son cerveau, moins il nous donne, et peu à peu apparaissent les signes de ce que j'appelle l'HYPO-EFFICIENCE : troubles de la mémoire, distraction, petites manies, incapacité de résoudre des situations de la vie quotidienne par soi-même, qu'il s'agisse du maniement d'un appareil électroménager ou de l'organisation de ses courses chez les commerçants...

Parfois, cela ne va pas plus loin. Souvent aussi, hélas, cette hypo-efficience s'aggrave et conduit la personne qui en est atteinte à demander, de plus en plus, l'aide des AUTRES, c'est-à-dire à être dépendant, au moment justement où ces autres... s'éloignent d'elle !

Reprenons l'exemple de notre retraité et supposons qu'il décide, plutôt que de s'adresser à sa famille et à ses proches, de s'en sortir par lui-même. Que va-t-il faire ? D'abord, rendre visite à son médecin. Jusqu'à une date récente, la réponse de ce praticien était souvent : « Vous avez des troubles, vous avez l'impression de perdre de votre efficacité intellectuelle ? Mais, mon cher ami (ou ma chère amie), tout cela est parfaitement *normal* : c'est l'âge ! »

Ainsi donc, on considérait (et, hélas, on continue souvent de le faire) comme tout à fait logique, dans l'ordre des choses, cet abandon, ce glissement vers une vie au rabais...

Dans l'entourage de cette personne, même refrain : « Mais voyons, il est normal que tu aies tous ces petits ennuis, c'est dû à ton âge, tu n'y peux rien ! »

Mais si notre retraité, refusant de baisser les bras, d'admettre son hypo-efficience comme une fatalité, décide de se battre, d'exister, de s'assumer à cent pour cent, que lui propose-t-on ?

La politique suivie à l'égard des gens âgés a suivi, schématiquement, plusieurs phases.

Tout d'abord, ils sont restés au sein de la famille, où ils jouaient un certain rôle éducatif de transmetteurs des traditions. A ce titre, ils étaient respectés et le qualificatif de « vieux » n'avait rien de péjoratif, il était au contraire synonyme de « sage ».

Et puis la pesanteur des contraintes économiques — crise du logement, cherté de la vie, etc. — a fait que les vieux sont devenus une charge de plus en plus lourde pour la cellule familiale, qui a cherché à s'en débarrasser. Les maisons de retraite, publiques ou privées, ont alors poussé comme des champignons. Les personnes âgées y étaient dorlotées, en fait placées dans un état d'inaction complète, ce qui ne faisait qu'accélérer le processus de sénilité.

On en vient maintenant à une troisième phase, non que la société ou la famille se soient soudain passionnées pour leur sort, mais parce qu'on s'est rendu compte que, leur nombre augmentant, ils pouvaient constituer un marché potentiel. La gérontologie constitue sans nul doute l'un des filons de notre siècle. Pratiquement, les choses se passent de la façon suivante : on les groupe et on leur offre des « loisirs ».

Être parqué avec, en face de soi, le spectacle de la déchéance, je ne suis pas sûre que ce soit là la meilleure solution. Nous sommes passés de l'asile au bocal. Je crois au contraire que les gens du « troisième âge » doivent continuer de vivre au contact de leurs semblables des deux autres âges.

Quant aux « loisirs » qui leur sont offerts, ils n'y participent généralement pas de façon réelle : ils ne sont concernés qu'à titre de spectateurs passifs. J'ai reçu beaucoup de confidences à ce sujet, et je dois dire que c'est parfois assez accablant. Que de conférences interminables où ils dorment ! Ils ne participent pas au monde : on leur inflige le spectacle du monde.

Il faut qu'on en arrive rapidement à une nouvelle phase : celle où les personnes âgées, refusant de faire le jeu et de servir les intérêts des « marchands de vieillesse », se prennent en main, refusent de se considérer comme des exclus de la société et vivent pleinement, totalement leur vie sans rien devoir à personne.

La Gym Cerveau est un moyen de sortir de leur ghetto et de conquérir une indépendance qui leur est accessible, pourvu qu'elles le veuillent vraiment.

Petit exercice d'attention

- Dans la page précédente, combien y avait-il de lignes ? (plus de vingt, plus de trente, moins de trente ?)
- Reprenez la page 48 et, en moins de **30 secondes**, barrez à l'aide d'un crayon à papier toutes les lettres « n » que vous trouverez. Quand vous aurez fini, dites immédiatement combien vous en avez barré.
- Quels sont les éléments nutritifs indispensables à la vie des neurones ?
- Combien perd-on de neurones entre 30 et 90 ans ?
- En quelques mots, redéfinissez ce qu'est l'hypo-efficience :

....

....

....

....

....

....

Vérifiez ensuite la justesse de vos réponses.

Naissance de la Gym Cerveau

Vouloir résumer en quelques pages le résultat d'années d'hypothèses, de recherches et d'expérimentations peut paraître une gageure.

Je vais pourtant la tenter, en demandant au lecteur, par avance, de bien vouloir me pardonner si, par moments, certaines de mes explications font appel au jargon scientifique — encore que je me sois efforcée de le débusquer et de le chasser le plus souvent possible. Hélas, il est parfois indispensable.

J'ai choisi de mêler au récit de mes recherches quelques éléments de ma propre vie, tant il est vrai que tout travail scientifique comporte une part d'aventure humaine. Je crois que les choses en seront rendues plus vivantes, plus proches aussi.

Mon vœu serait que le lecteur franchisse à son tour les diverses étapes de mon parcours avec la même curiosité, le même intérêt que ceux que j'ai ressentis moi-même. Il aura cependant l'avantage de progresser en terrain conquis et, donc, de ne pas connaître ces périodes de doute et parfois de découragement qui sont souvent le lot des chercheurs...

Le laboratoire

Je suis — presque — née au milieu des éprouvettes... Mon père, qui exerçait la profession de vétérinaire (il est aujourd'hui retraité), partageait son temps entre les bêtes qu'il allait soigner dans la campagne bretonne et ses recherches en laboratoire. Il assumait la direction de l'un des premiers centres d'insémination artificielle français pour l'espèce bovine et a intensément contribué à son développement.

Très tôt, baignant dans ce milieu, j'ai hautement affirmé ma vocation : je serais Pasteur... ou rien. Les découvertes de ce grand savant m'émerveillaient et je vibrais en lisant l'émouvante histoire de ce petit Alsacien qu'il avait sauvé de la rage.

En même temps, et sans que j'en prenne conscience, un autre facteur allait déterminer ma future carrière. Étant fille unique, et d'une nature un peu solitaire, je privilégiais la fréquentation des adultes et plus particulièrement celle des gens âgés. Je me sentais bien en leur compagnie, ils me gâtaient, me racontaient de jolies histoires. Ces gens de la campagne bretonne, qui étaient souvent de véritables forces de la nature et jouissaient d'une prodigieuse mémoire, je les considérais comme des adultes épanouis. Pour l'enfant que j'étais, ils représentaient toute la force et la majesté des « grands », à une époque où les liens familiaux et la convivialité sociale permettaient encore qu'ils jouent leur rôle à part entière. A côté de cela, il m'arrivait de rencontrer des gens frappés par la maladie, qu'ils fussent jeunes ou vieux, mais il ne me serait pas venu à l'idée d'associer le fait d'être diminué, ou en mauvaise santé, au vieillissement : c'étaient — et ce sont toujours — deux phénomènes différents.

Si je brûlais du désir de devenir « savante » pour venir en aide à mes semblables, je possédais en même temps un esprit curieux, ouvert à tous vents, qui échappait un peu à ce qu'on considérait comme la rigueur scientifique. Hors les maths, disait-on, point de salut... et moi, les maths m'ennuyaient, je préférais la philosophie, pas en tant que source de concepts, mais comme « mécanisme de la pensée ». J'ai toujours aimé démonter les réveils...

Après mon bac, j'aurais dû, en bonne logique, entreprendre des études médicales, mais la perspective de soigner des angines et de réduire des fractures toute une vie durant ne m'attirait pas outre mesure — que mes amis et collaborateurs médecins veuillent bien me pardonner cette vision un peu abrupte de leur discipline. A dire vrai, aucune carrière ne m'attirait vraiment et, à force de ne pas savoir où aller, je me suis retrouvée... sur les bancs de la faculté de droit de Rouen. J'avais échoué là en me disant qu'après tout le droit était une matière où faire fonctionner son esprit ne se perdait pas dans l'abstrait, mais débouchait sur le réel. Hélas, j'étais obligée d'ingurgiter systématiquement des tonnes de textes de loi qui, au fil des jours, me paraissaient de plus en plus indigestes.

Par hasard — le hasard, on le sait, fait souvent bien les choses —, le bâtiment voisin de celui où je m'étiolais abritait les étudiants en psychologie. En dernière année on y préparait un certificat de neurophysiologie.

Séchant allégrement mes cours de droit, je ne tardai pas à me passionner pour cette nouvelle matière, où l'on enseignait le « comment ça marche » du cerveau sous un angle beaucoup plus large que l'approche purement médicale.

Le Pr Jean Charpentier, qui dirigeait ce certificat, était un passionné de psychopharmacologie. Il n'a pas tardé à me communiquer son virus et j'ai fait partie de l'équipe qu'il formait alors pour étudier de façon expérimentale, en laboratoire, le comportement des animaux soumis à certaines substances, des somnifères en particulier.

Très vite, j'ai su que là était ma voie et j'ai entrepris une thèse de troisième cycle consacrée aux troubles de la mémoire, et plus particulièrement à ceux qui sont liés à l'*hypoxie*, c'est-à-dire l'appauvrissement des neurones en oxygène. Ceux-ci, nous le savons, en consomment une certaine quantité nécessaire à leur fonctionnement. Ce qui m'intéressait, c'était de définir les mécanismes biochimiques qui, au niveau cérébral, faisaient qu'un animal de laboratoire placé dans des conditions de vie appauvrie en oxygène présentait des troubles de la mémoire.

Mon doctorat de troisième cycle en poche, j'ai travaillé comme assistante de travaux dirigés à la faculté de médecine de Rouen, où le Pr Francis Boismare enseignait la pharmacologie et aussi l'hémodynamique, c'est-à-dire la circulation sanguine, en l'occurrence celle des artères cérébrales. En même temps, je poursuivais mes expérimentations sur la mémoire.

Tout cela était fort bien. J'enrichissais mes connaissances, j'accumulais les théories, je collectionnais les observations... Une carrière toute tracée s'offrait à moi : entrer dans une équipe de recherche fondamentale très pointue, où, dans un petit univers isolé des autres (tout se faisait et se fait toujours en ordre dispersé), je participerais à une sorte de compétition en vase clos *contre* les autres équipes.

Avec un peu de chance, je pourrais un jour annoncer dans une publication pour initiés que j'avais réussi à réfuter les théories d'une chapelle rivale...

Je n'étais guère tentée par un tel avenir. La recherche purement théorique ne me satisfaisait pas. J'avais envie de VOIR comment les choses se passaient de façon réelle dans l'univers cérébral — cela, c'était mon côté « démontage du réveil ». Or, à cette époque, les techniques de visualisation n'en étaient qu'au début de leur développement et je restais sur ma faim. Mais surtout, j'avais l'impression que rien de ce que l'on me proposait ne débouchait sur le réel : en quoi cela concernait-il les personnes qui souffraient de problèmes de mémoire ? Nul ne paraissait se soucier de leur sort et, moi, je voulais les aider, leur apporter quelque chose — là, c'était mon côté Pasteur...

C'est alors qu'une nouvelle fois la chance m'a souri. Alors que j'entreprenais un doctorat d'État de huit ans à l'hôpital Saint-Antoine à Paris, tout en donnant des cours à la faculté de pharmacie de Dijon, j'ai rencontré le Pr Jean-Robert Rapin, un radiopharmacologue qui m'a initiée aux radio-isotopes. Enfin, je pouvais VOIR dans la réalité le fonctionnement de l'activité cérébrale chez un animal !

Les radio-isotopes sont des produits (des radiotraceurs) qu'on injecte à un animal et qui, selon leurs caractéristiques propres, vont se fixer à tel ou tel niveau du cerveau. Là, ils émettent des rayons qui permettent d'observer ce qui se passe. Auparavant, l'étude du fonctionnement cérébral était freinée par le fait que la barrière hémo-encéphalique bloquait le passage des substances destinées à l'observation. Quand j'ai commencé à mon tour à pratiquer les radio-isotopes, ils étaient connus mais n'étaient utilisés en expérimentation animale de façon ni courante ni systématique.

Je dois dire que j'ai eu une véritable révélation ! Enfin, je pouvais VOIR la façon dont le sang se répartissait dans le cerveau, dont les neurones consommaient leur glucose et leur oxygène — donc dépensaient de l'énergie, donc *travaillaient*.

Ce merveilleux outil d'observation que j'avais à ma disposition m'a donné une idée : pourquoi ne pas enseigner tel ou tel comportement à des animaux de laboratoire et, en même temps, *visualiser* ce qui se passe dans leur cerveau en établissant une sorte d'image que nous appellerons CARTOGRAPHIE FONCTIONNELLE ? Peut-être parviendrais-je à savoir, grâce aux radiotraceurs, quelle zone se met au travail, quelle autre ne le fait pas, ou moins, en fonction de tel ou tel effort demandé. En ce cas j'aurais l'énorme avantage d'observer, très vite, les conséquences sur le cerveau d'une manipulation, de reproduire à volonté cette observation, de vérifier si telle ou telle de mes hypothèses était juste ou erronée...

Je me suis mise au travail.

Au fil de mes observations, je suis parvenue à définir et à vérifier un certain nombre d'éléments qui m'ont paru importants.

Si l'on observe la cartographie fonctionnelle d'un animal qui ne se livre à aucune activité précise, celle-ci nous donne une certaine image dite image de repos, qui correspond au fait que ses neurones travaillent peu.

Si l'on demande à l'animal d'effectuer un parcours dans un labyrinthe afin de pouvoir se procurer de la nourriture, on constate alors que la cartographie se modifie. Certaines populations de neurones qui jusqu'ici avaient un métabolisme réduit se sont mises au travail.

Exigeons une autre tâche de notre animal : nous obtiendrons encore une autre image.

On peut donc en conclure qu'à chaque travail qu'il effectue correspond une image différente et donc un appel à des neurones différents. Mais chaque population neuronale ne travaille pas « en vase clos », de son côté : tout se fait en interaction, c'est-à-dire que diverses populations participent à la même tâche, à des degrés divers. Jamais, par exemple, je n'ai pu observer un centre UNIQUE de la mémoire. L'extrême localisation ne m'a donc jamais paru une évidence, car je n'en ai jamais constaté l'apparition sous forme visuelle, même si certains chercheurs continuent de souscrire à cette thèse.

Autre élément qui m'a semblé important : le rôle joué par l'âge de l'animal.

J'ai pu constater qu'un rat de vingt-deux mois (pour un rat, c'est le troisième âge) faisait fonctionner, pour une tâche précise, une surface de neurones comparable à celle d'un animal de quatre mois (toujours pour la même tâche) même si cette mobilisation s'effectuait parfois moins vite. Mais, si on l'entraîne spécialement, il parviendra aux mêmes performances que son concurrent plus jeune. Sa cartographie fonctionnelle montrera que le nombre de ses neurones en activité s'est accru.

Autrement dit, et c'est capital, on peut conduire un rat, quel que soit son âge, à mobiliser des neurones et donc à étendre ses zones d'activité cérébrale, simplement en lui faisant faire, progressivement, un certain nombre d'exercices. Encore faut-il qu'il ait *envie* de les faire. Pour cela, on le motive — en l'occurrence, on lui demande de trouver sa nourriture ou sa boisson, qui se trouvent placées dans un certain endroit du labyrinthe, ou encore ne peuvent lui être délivrées que s'il résout certains problèmes ou accomplit certains gestes. On va du plus simple au plus compliqué.

Mettons face à un problème déjà assez complexe d'obtention de nourriture deux animaux ayant tous deux très faim. Le premier, qui n'a pas été entraîné, va rapidement cesser de tenter de résoudre les problèmes qui lui sont posés et mourra de faim, parfois à quelques centimètres de la nourriture. Il sera rapidement démotivé. Le second, ayant été entraîné, va finir par trouver le moyen d'obtenir la nourriture.

Comment les choses se sont-elles passées au niveau cérébral ? Là encore, l'image nous permet de répondre.

Seule une petite partie, nous l'avons dit, de notre stock de neurones fonctionne : 80 pour cent environ sont inemployés. Ce sont des neurones silencieux, qui ne sont pas faits pour cette tâche particulière. Simplement, ils sont là, sous tension, un peu comme les remplaçants d'une équipe sportive qui regardent le match...

Dans certaines des expériences[1] que j'ai faites, j'ai établi un certain nombre de données capitales.

Lorsqu'on soumet le rat à un entraînement, on constate au niveau de l'image cartographique de son cerveau que ses neurones silencieux se réveillent peu à peu et leur métabolisme augmente. Il y a une plus grande quantité de neuromédiateurs libérés. C'est une mobilisation qui gagne peu à peu, se propage de cellule en cellule. Les remplaçants ont quitté leur banc pour venir se mêler à la partie, les zones de neurones actifs se sont étendues.

Mais les choses peuvent aller beaucoup plus loin.

Chez ce rat dont nous avons vu qu'il résout ses problèmes dans le labyrinthe, on lèse certains territoires neuronaux en activité. Que se passe-t-il alors ?

Il est incapable de réaliser ses performances antérieures et reste là, inactif. Il ne peut attendre aucun secours de son propre organisme, il est condamné.

Mais, si on l'entraîne à faire certains gestes (par exemple accéder à un biberon pour obtenir de l'eau), on constate que cette éducation ne tarde pas à porter ses fruits : il réapprend le geste oublié. Au début, on met ce biberon très près, et puis on l'éloigne peu à peu, on passe du très facile au plus difficile.

Que s'est-il passé ?

Un territoire neuronal voisin de celui qui a été lésé a été recruté — pour reprendre la même comparaison sportive, une équipe ayant été obligée de quitter le terrain a été remplacée par une autre, qui elle aussi à

1. IPA Congres Psychogeriatry, Chicago, août 1987.

l'origine n'était pas très spécialisée et qu'il a fallu entraîner pour qu'elle puisse se montrer opérationnelle.

Ce phénomène est connu en neurophysiologie sous le nom de NEUROPLASTICITÉ FONCTIONNELLE.

Auparavant, nous avions parlé de NEUROPLASTICITÉ STRUCTURALE. Quelle est la différence entre les deux phénomènes ? Elle est la suivante :

Dans la neuroplasticité structurale, le neurone reste vivant, et il y a développement de nouveaux dendrites lorsqu'on pratique une rééducation active. On peut penser que tout repousse à partir du corps cellulaire, qui agit comme un tronc d'arbre dont les branches auraient été coupées : il envoie de la sève, des branches renaissent et se développent. Dans la neuroplasticité fonctionnelle, au contraire, le neurone est mort. L'arbre n'est plus utilisable : on fait alors appel à des arbres voisins.

Dans le premier cas, la rééducation permet la reprise de la fonction perdue. Dans le second, il faut enseigner au neurone remplaçant, qui auparavant n'avait aucun rôle dans la fonction perdue, son nouveau travail. On doit donc « gymnastiquer » son cerveau.

En fait, lorsque se produit un accident, il entraîne aussi bien des lésions partielles n'affectant pas le corps cellulaire que des lésions définitives qui se manifestent par la mort de certaines populations de neurones. Aussi, les méthodes de rééducation empruntent-elles à la fois ces deux systèmes de défense de l'organisme — systèmes qui, j'insiste, ne peuvent entrer en jeu que si l'homme intervient pour guider cette reconquête en s'obligeant à des exercices appropriés.

Tout dernièrement, j'ai placé un rat dans des conditions telles que sa source d'eau était difficilement accessible, ce qui m'a permis de constater que, même s'il avait très soif, il se démotivait rapidement : il ne bougeait plus, restait prostré. Plus il était vieux, plus cette démotivation était rapide[1]. En examinant sa cartographie cérébrale, j'ai constaté qu'il présentait (qu'il soit jeune ou vieux) des altérations de plages entières de neurones — notamment au niveau de l'hippocampe (cellules CA 3).

Voilà qui est fort instructif : ainsi, quel que soit son âge (mais surtout s'il est âgé), le rat, dans certaines conditions de démotivation — on peut imaginer qu'il n'a plus aucune envie de se nourrir ou de boire, donc de vivre — voit son cerveau s'altérer. Cette altération n'a pas été provoquée par une lésion que j'aurais créée chez l'animal, mais simplement à partir d'une modification de ses conditions « psychiques ».

Je me suis aussi aperçue qu'en revanche si j'approchais l'eau ou la nourriture AVANT que les lésions n'apparaissent, j'activais les réactions du rat, et il y avait totale récupération de son fonctionnement cérébral. Cela peut donc signifier que les conditions psychiques jouent un rôle important dans l'apparition d'altérations cérébrales de l'animal : elles peuvent leur préparer un TERRAIN FAVORABLE.

On pouvait donc imaginer qu'il y ait un moyen d'intervenir pour éviter de tomber dans certaines dégénérescences : modifier les conditions psychiques, et cela le plus tôt possible.

Très tôt, au cours de ces expérimentations, une question m'est venue à l'esprit : comment ces découvertes, purement expérimentales, pourraient-elles quitter le domaine du laboratoire pour s'appliquer à l'homme ?

1. IPA Congres Psychogeriatry, *op. cit.*

Les hommes

Jamais il ne me serait venu à l'idée de promouvoir une action destinée aux personnes atteintes d'une maladie dégénérative, même si, nous y reviendrons, j'étais parvenue à un certain nombre de conclusions sur ce phénomène.

En revanche, j'étais certaine qu'on pouvait faire quelque chose de tangible, dans l'immédiat, pour les personnes ayant des problèmes cérébraux non pathologiques — pertes de mémoire, distraction, difficultés d'adaptation à la technologie envahissante de la vie moderne — bref, pour tous ces gens qui, quel que soit leur âge, se sentaient un peu « déphasés » et à qui on affirmait imperturbablement que c'était « normal »... si normal qu'on ne pouvait rien faire pour eux.

J'étais également convaincue que ces problèmes devaient être traités très tôt après leur apparition et, si possible, AVANT même, de façon préventive.

Encore me fallait-il trouver une méthode.

Je savais ce que je voulais faire : activer le fonctionnement cérébral de ces gens en mobilisant leurs « zones de silence » où les neurones sont en sommeil, inemployés. Il fallait obtenir que ces populations neuronales se mobilisent. Ainsi, ils amélioreraient leurs performances et, cessant de se heurter aux difficultés de la vie quotidienne, ils résoudraient une grande partie de leurs problèmes pratiques. Mieux adaptés, ils auraient sans nul doute une vie plus agréable.

Ce que je ne savais pas encore, c'est COMMENT j'allais agir.

Créer une méthode d'activation cérébrale ? Soit. Mais quelle forme devrait-elle prendre ?

Je ne m'adressais plus à des animaux de laboratoire, mais à mes semblables. Allais-je leur « parachuter » mon expérience, leur dire ce qu'il fallait faire, bref leur donner un mode d'emploi « clés en main » ?

Je pressentais que cette voie aurait conduit à un échec.

J'ai préféré m'imposer un certain nombre de mois d'enquêtes sur le terrain. Pour cela, j'ai rencontré des responsables et des membres de clubs du troisième âge, des médecins spécialisés : des neurologues, des psychiatres, des gériatres ainsi que des généralistes, en particulier le Dr Jamot, médecin de ma famille, avec qui j'ai longuement discuté et compulsé des dossiers.

Peu à peu, un certain nombre de constantes me sont apparues.

Face à la vieillesse, on rencontre schématiquement deux attitudes : ceux qui considèrent qu'il ne s'agit que d'un problème purement corporel et qu'ils traitent comme tel : ils continuent de vivre à peu près comme ils le faisaient auparavant et, s'ils souffrent des atteintes biologiques de l'âge, on constate que leur esprit est toujours aussi clair, qu'il fonctionne parfaitement. De ces gens faisaient sans nul doute partie les vieilles personnes qui avaient enchanté ma jeunesse.

Et puis il y a la seconde attitude, hélas, souvent la plus répandue : la démotivation. En général, elle est entraînée, nous l'avons dit, par le départ à la retraite, qui constitue une rupture sociale, puis familiale, enfin psychologique. Cela peut faire penser à des plombs, qui sautent les uns après les autres. On se sent *écarté*, puis *seul*, puis *vieux*. Cette réaction en chaîne entraîne, peu à peu, l'hypo-efficience cérébrale — et non l'inverse : ce n'est pas parce que des populations neuronales entrent en sommeil et qu'on a des pertes de mémoire qu'on devient triste, qu'on décroche du monde, bref qu'on se conduit en « vaincu », mais exactement le contraire : c'est parce qu'on est psychologiquement faible, qu'on souffre de la solitude, du cafard, qu'on se démotive... et que, peu à peu, des zones du cerveau entrent en sommeil.

Tout viendrait donc du moral.

Je me suis aperçue à ce sujet que le plus grand ennemi des gens était... eux-mêmes. Ils étaient persuadés au départ que leur âge leur interdisait de réaliser tel ou tel exercice. Leur raisonnement était le suivant : « Puisque je vois moins bien, que je perds mes cheveux, que j'ai la peau moins souple et que je cours moins vite, il est "normal" que mes facultés intellectuelles faiblissent également. » J'avais beau leur dire : « Oui, mais en ce qui concerne vos yeux, vos cheveux, votre peau ou vos jambes, vous n'en avez plus d'autres en réserve, alors qu'à votre âge vous n'utilisez qu'une petite partie de votre stock cérébral. Vous avez la chance de posséder encore d'énormes possibilités... », rien n'y faisait.

Cela allait plus loin : je voyais des personnes âgées se soucier fort de leur apparence, ce qui est louable, voire subir des liftings ou encore s'exposer à des rayons pour bronzer artificiellement — quand elles ne devenaient pas la proie des « marchands de jeunesse » qui leur proposaient des gris-gris fabuleux, et rester sceptiques ou méfiantes quand je leur affirmais qu'elles pouvaient, à moindres frais, conserver l'efficacité de leurs cellules grises.

Alors je suis passée à un autre stade.

Aux personnes qui m'affirmaient qu'elles « n'avaient plus de mémoire », je proposais des exercices que je mettais au point. Bien sûr, c'était encore empirique, je tâtonnais, je fondais surtout ces travaux sur la vitesse de réaction.

Peu à peu, j'ai constaté — et elles aussi — que leur *vivacité mentale* revenait de façon spectaculaire. En même temps leur psychisme en subissait les effets bénéfiques. Elles cessaient peu à peu de se comporter en victimes mais avaient tendance au contraire à se prendre en main, à s'assumer. Bien sûr, ce n'était pas toujours le cas, et cela demandait un certain temps, mais au fur et à mesure que j'élaborais mes méthodes, que je les affinais, j'avais la satisfaction de voir le pourcentage de réussite augmenter.

Une autre constante m'est apparue au terme de mon enquête : rien ne peut réussir sans motivation. Si l'on reprend l'exemple du rat assoiffé qui, s'il se trouve face à une difficulté trop grande, ne bouge plus, ne tente plus aucun effort pour atteindre l'eau qui le sauvera, on aura beau le bombarder de stimulations extérieures — courants électriques, etc. — il restera dans cet état de prostration. En revanche, si l'on rapproche l'eau suffisamment tout en continuant de l'activer, il sortira de sa torpeur et fera l'effort d'aller boire. Il en est de même, toutes proportions gardées, pour les humains : pour obtenir qu'ils activent leur cerveau, il faut à la fois leur expliquer le *pourquoi* et le *comment* des exercices, et l'activation n'est possible que si elle coïncide avec leur propre désir de s'en sortir.

C'est EUX qui vont demander à leur cerveau de mobiliser des plages neuronales en sommeil. Et c'est à EUX que le cerveau répondra.

Voilà pourquoi, très tôt, il m'est apparu que la méthode que j'allais mettre au point ferait largement appel à la conscience et à la volonté personnelle de chacun. Voilà pourquoi, aussi, une bonne partie de cet ouvrage est consacrée à la description de la mécanique cérébrale, même si cela peut paraître, parfois, un peu fastidieux.

J'ai précisé, au début de ce chapitre, que la méthode que j'avais élaborée n'était pas destinée aux personnes atteintes de dégénérescence.

Mais, on s'en souvient, j'avais aussi constaté l'apparition de celle-ci au cours de mes expérimentations en laboratoire. Ainsi, si on examine la cartographie cérébrale d'un rat démotivé, qui reste prostré et ne se donne plus l'effort de chercher à atteindre l'eau, on constate qu'il présente, qu'il soit jeune ou vieux, des zones de dégénérescence. Mais si on le remotivait AVANT que ces lésions n'apparaissent, si on l'activait suffisamment, sa cartographie montrait que les lésions n'apparaissaient pas.

Il était donc peut-être possible de PRÉVENIR l'apparition de certains phénomènes de dégénérescence. Cela n'était qu'une hypothèse. Au cours de mon enquête, bien sûr, j'en ai longuement discuté avec les spécialistes que je rencontrais. Certains estimaient que je faisais erreur, que les phénomènes de dégénérescence cérébrale étaient dus à l'hérédité, d'autres affirmaient qu'ils étaient en rapport avec certains toxiques, d'autres enfin avec un virus...

Aucune de ces théories n'était malheureusement vérifiée et ne me paraissait pas plus convaincante que la mienne.

De mon côté, je n'étais pas en mesure d'affirmer que j'avais raison : autant je pouvais constater, avec le Dr Jamot, que les personnes qui pratiquaient ma méthode d'activation faisaient de rapides progrès, autant je ne possédais aucun moyen de prouver qu'un cerveau non fonctionnel dégénère plus vite, autrement dit que les neurones *meurent d'être trop longtemps silencieux.* Pas plus que je ne pouvais prétendre — je ne possédais aucun moyen statistique — que ma méthode permettait de lutter efficacement contre certaines dégénérescences.

J'avais donc en main les principaux éléments d'une méthode efficace pour combattre l'hypo-efficience cérébrale, et j'étais désireuse de vérifier ma thèse concernant les phénomènes de dégénérescence.

Il me fallait à présent trouver une structure d'accueil qui me permettrait de mettre en pratique ma méthode et de poursuivre des recherches, à la fois sur l'animal et par des études effectuées chez l'homme.

Le cadre universitaire, pour des raisons administratives et budgétaires, ne s'y prêtait pas. Les organismes de recherche fondamentale ou appliquée offraient à mes yeux le défaut principal de ne pas vouloir se frotter suffisamment à la réalité. Peu de chose a d'ailleurs changé dans ce domaine : ils souffrent toujours, à mes yeux, de cette même carence. Récemment, au cours d'une réunion au Canada, j'ai soumis à des chercheurs britanniques et américains l'idée d'une fondation où divers pays confronteraient leur vision du problème de vieillissement cérébral. Ainsi pourraient être élaborés des thèmes de recherche, à partir de protocoles applicables à tous les pays concernés. On m'a regardée avec surprise : pourquoi vouloir ainsi se réunir ? Puisque chacun travaillait de son côté, sur ses propres recherches, c'était bien suffisant. Quand j'ai insisté, en faisant remarquer que, pendant que mes distingués collègues s'occupaient de leurs travaux, chacun dans son coin, des gens âgés vivaient de véritables drames, abandonnés de tous, les autres participants ont levé les bras au ciel : « Mais ce n'est pas à nous de nous en charger, nous laissons cela aux responsables politiques ! »

Aucune structure ne correspondait donc à ce que je recherchais.

Restait à en inventer une.

L'Institut

La création, en 1984, de l'Institut National de Recherche sur la Prévention du Vieillissement Cérébral, puis son fonctionnement ont constitué une suite de... paradoxes.

Paradoxes parce qu'il était à la fois abrité dans des locaux de l'Assistance publique à l'hôpital de Bicêtre, mais régi et financé par une association indépendante. Paradoxe surtout parce que j'ai fait un pari, jugé par beaucoup perdu d'avance : créer un organisme de recherche fondamentale qui non seulement déboucherait sur la recherche appliquée, mais s'attaquerait à un problème national, le vieillissement cérébral de la population. Vaste programme ! N'était-ce pas marier l'eau et le feu que de faire cohabiter des chercheurs et des techniciens, des « crânes d'œuf » et des gestionnaires, dont on sait que dans nos pays ils sont profondément allergiques les uns aux autres ?

Nous avons commencé petit, non par modestie, mais parce que nos moyens financiers étaient très limités (ils le sont encore, hélas ! et le bouclage des fins de mois constitue encore parfois, comme à l'époque héroïque, un exercice périlleux).

Au centre travaillent à présent des chercheurs appartenant à des équipes pluridisciplinaires : médecins, chimistes, psychologues, informaticiens confrontent leurs travaux et échangent des idées en liaison avec des équipes de médecins travaillant « sur le terrain ». Chaque jour, que ce soit à Bicêtre ou dans les différents centres que notre association a créés en France[1], sont reçus des hommes et des femmes qui ont des problèmes d'hypo-efficience ou sont proches d'en avoir[2].

L'Institut fonctionne à la manière d'une fusée à trois étages.

Nous proposons d'abord aux personnes qui viennent nous trouver directement ou sur le conseil de leur médecin, un Bilan de Ressources Cérébrales (BRC®) destiné essentiellement à déceler si elles souffrent à leur insu de maladies cérébrales organiques. Ce BRC explore différentes fonctions cognitives (activités verbales, visuo-spatiales, logiques, associatives et psychomotrices) et permet de faire le point sur leurs activités cérébrales. Il ne s'agit en aucune façon d'établir un quelconque quotient intellectuel...

Les résultats des divers BRC pratiqués à l'Institut ou dans nos divers centres participent à l'alimentation d'une banque de données informatisée sans cesse tenue à jour. Cette banque de données nous a conduits à constater un certain nombre d'éléments cliniques et psychosociologiques importants. Tout d'abord que, quel que soit leur âge (*figure 8, a, b, c, d*) contrairement à une image souvent répandue, nos contemporains sont capables d'être tout à fait efficaces : 18 pour cent possèdent une efficacité remarquable et n'ont aucun antécédent médical (pas d'opération, de diabète, d'hypertension, par exemple) après contrôle auprès de leur médecin traitant. 21 pour cent arrivent à la tranche d'âge de soixante-dix/soixante-quinze ans avec une

1. S'adresser à l'INRPVC pour avoir la liste des centres régionaux.

2. Actuellement, les médecins généralistes peuvent bénéficier auprès de l'INRPVC d'un « bilan neuromnésique » informatisé ou sur Minitel, leur permettant la détection précoce des personnes à risque ou atteintes de maladies cérébrales.

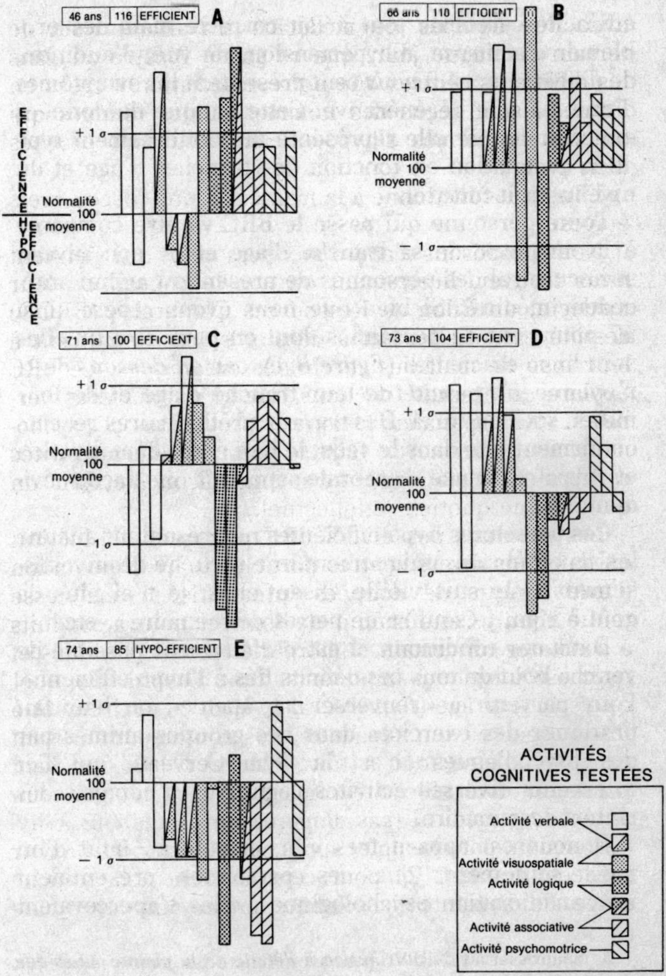

Figure 8.
Exemples de résultats du Bilan de Ressources Cérébrales par référence à une banque de données de 8 000 personnes.

efficacité cérébrale tout à fait correcte mais des problèmes d'arthrose, d'hypertension, de vue, d'audition, de diabète, etc. 4,5 pour cent présentent les symptômes d'une maladie dégénérative. Cette banque de données est capitale, car elle représente un vieillissement type de la population en fonction des tranches d'âge et du niveau socioculturel.

Toute personne qui passe le BRC va être comparée à la moyenne de sa tranche d'âge et de son niveau socioculturel des personnes ne présentant aucun antécédent médical. Si bien que nous avons repéré ainsi 57 pour cent de personnes dont on peut dire qu'elles sont hypo-efficientes (*figure 8, e*), car *en dessous* de la moyenne d'efficacité de leur tranche d'âge et de leur milieu socioculturel. Des travaux préliminaires récents confirment que dans le vécu, le lien entre démotivation et hypo-efficience cérébrale apparaît de façon évidente[1].

Ces personnes hypo-efficientes ne présentent aucune lésion cérébrale, uniquement une sorte de désinvestissement : « Je suis vieille, disent-elles, je n'ai plus de goût à rien, je souffre de pertes de mémoire », etc.

Dans ces conditions, il est parfaitement possible de venir à bout de tous ces déficits liés à l'hypo-efficience. Pour parvenir à « renverser la vapeur », on leur fait pratiquer des exercices dans des groupes animés par des psychologues : c'est la Gym Cerveau, qui fait intervenir diverses activités cognitives y compris des tâches de mémoire.

Il nous est apparu très vite, et cela au bout d'un mois seulement, que ces personnes présentaient une amélioration psychologique : elles s'apercevaient

1. Naudra Arvay : *Contribution à l'étude de la plainte mnésique du sujet âgé*, thèse médecine, université Paris VI, faculté Salpêtrière, septembre 1987.

Publication : Derouesné C., Arvay N., Migeon P., Vollant M., Alperovitch A., Le Poncin M. : *Memory Complaints in Elderly.*

Gym Cerveau
modifications des performances des sujets

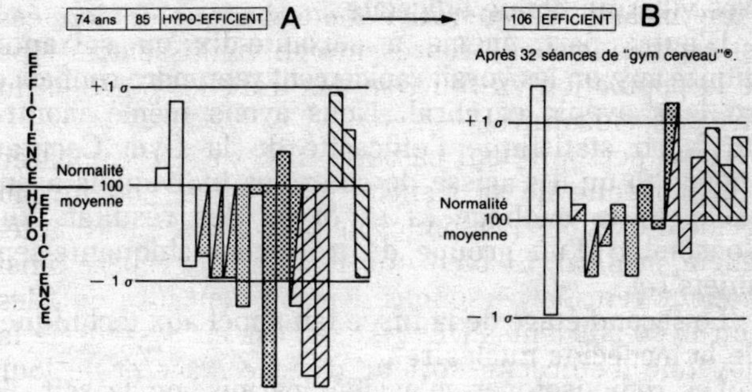

Figure 9.
Résultats constatés à titre individuel.

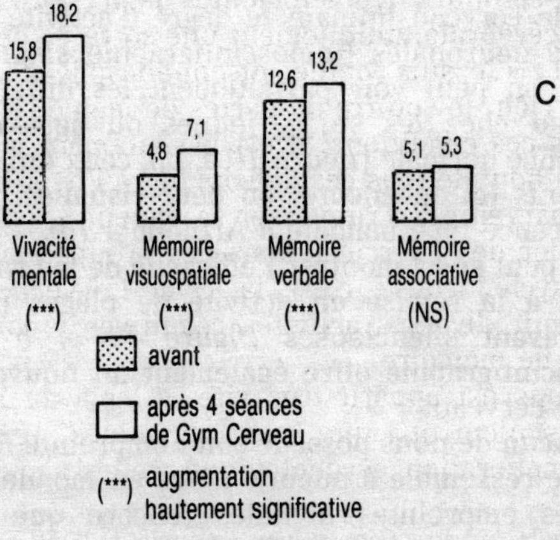

Figure 9.
Modification des performances de 357 sujets
avant et après Gym Cerveau.

qu'elles ne souffraient pas de vrais troubles de mémoire, mais simplement, qu'elles ne s'intégraient pas vraiment à leur environnement. Elles récupéraient donc très vite une bonne efficacité.

D'autre part, même à soixante-dix ou soixante-quinze ans, on les voyait rapidement reprendre confiance en leur avenir cérébral. Nous avons même montré de façon statistique l'efficacité de la Gym Cerveau (*figure 9*) qu'il s'agisse de contrôles individuels avant et après la méthode (*a* et *b*) ou des résultats sur l'ensemble d'un groupe de trois cent cinquante-sept sujets (*c*).

Le second étage de la fusée fait appel aux techniques de la médecine nucléaire.

Les radio-isotopes m'avaient permis, on le sait, de VOIR chez le rat la façon dont se mobilisaient les plages neuronales en fonction de l'activité cérébrale. La médecine nucléaire, grâce à une caméra qui tourne autour de la tête du patient, permet, elle, de constater dans le cerveau humain le degré d'activité des populations neuronales (tomoscintigraphie *single photon*). Ainsi, on peut voir parfaitement les différences qui existent chez les sujets jeunes ou âgés ayant une efficience normale (*figure 10 a, b,*), ceux qui sont hypo-efficients (c) ou encore, on peut visualiser une dégénérescence type maladie d'Alzheimer *(d)*.

On peut aussi montrer l'efficacité de la Gym Cerveau quant à la remise en activité de plages neuronales auparavant silencieuses *(figure 11 a, b et c)*. La tomoscintigraphie offre également un nouveau regard sur le cerveau.

Chacun de nous possède son « empreinte cérébrale », qui ne ressemble à aucune autre au monde, à l'instar de ses empreintes digitales (encore que celles du cerveau ne sont jamais identiques).

Cette empreinte est constituée par les diverses plages de neurones en activité et les plages de silence, où ils sont inactifs.

On peut penser que l'image ainsi fournie est la superposition de plusieurs images qui s'ajoutent. Nous possédons tous une population neuronale de base, en activité, qui sert à notre survie : c'est elle qui intervient prioritairement dans notre vie quotidienne quand nous voulons boire, manger, marcher, etc. C'est ce que j'appellerai la « première population », qui varie assez peu d'un individu à l'autre. La deuxième se façonne en fonction du métier que l'on pratique. Le

A

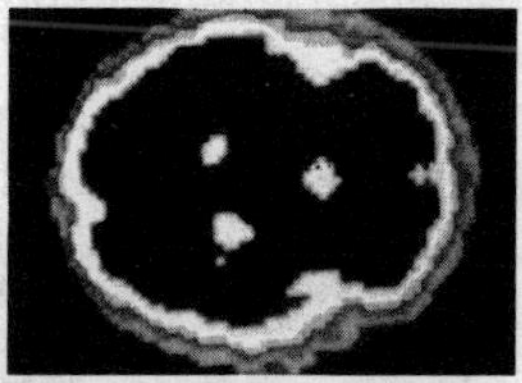

(NEZ)

B

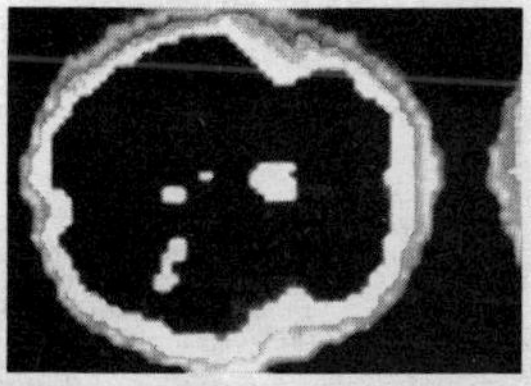

Activité cérébrale d'un sujet efficient de 45 ans.

Activité cérébrale d'un sujet efficient de 55 ans.

C

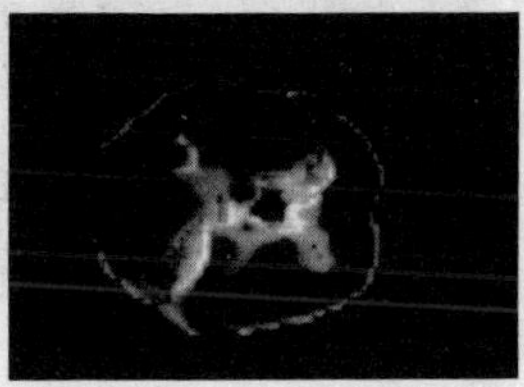

D

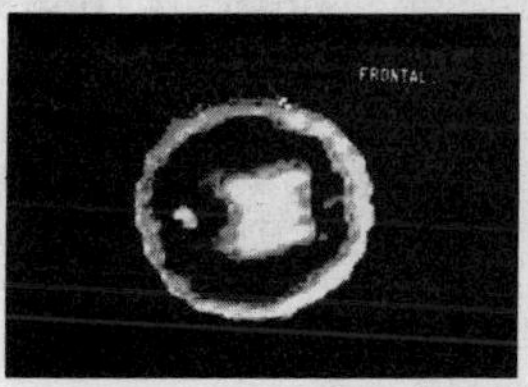

Activité cérébrale d'un sujet hypo-efficient de 55 ans (les régions plus claires correspondent à des neurones « silencieux » qui pourraient être mobilisés et qui ne le sont pas).

Activité cérébrale chez un sujet atteint de la maladie d'Alzheimer (la région centrale plus claire correspond à une zone de mort des neurones).

Figure 10.
Visualisation des régions cérébrales par tomoscintigraphie.

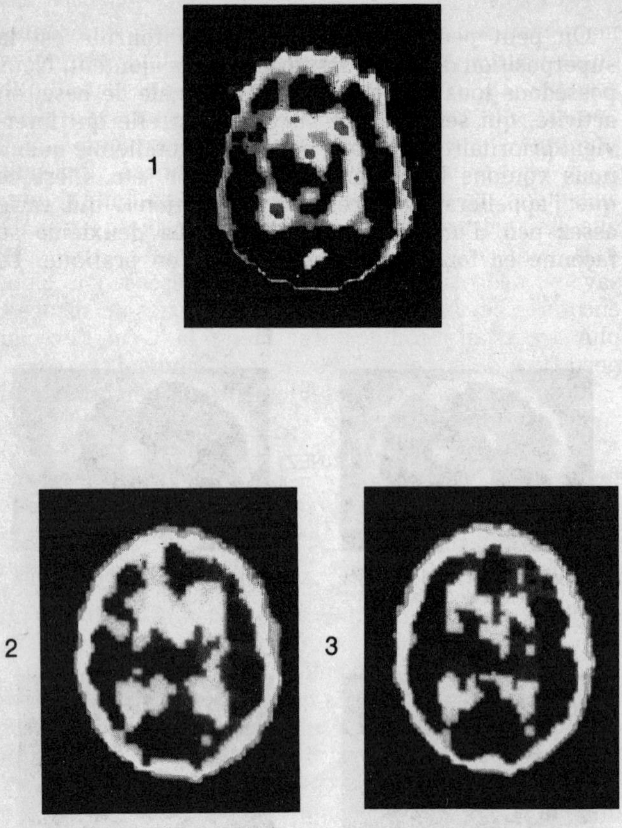

Figure 11.
Passage du silence cérébral à l'activité avant et après Gym Cerveau. Tomoscintigraphie (gamma) en direct chez un patient hypo-efficient (1), puis après un mois d'activation cérébrale (2) et enfin après 3 mois (3) : on constate une remise en activité de plages neuronales auparavant « silencieuses. » (Passage de la couleur claire (silence cérébral) à la couleur foncée (activité.)

mathématicien faisant appel à des plages différentes de celles du pâtissier, les différenciations sont plus grandes. La troisième population est plus spécifique encore : elle varie avec nos loisirs, les sports que nous pratiquons, nos goûts, nos activités créatrices.

On peut considérer que vers vingt-cinq à vingt-huit ans, l'empreinte générale est bien moulée. Pour autant, elle peut encore évoluer en mal ou en bien. En mal : à la suite d'une « casse » ou d'un « raté », nous le savons, des plages neuronales sont lésées. Ou bien, encore, la démotivation entraîne des « zones de silence » plus ou moins grandes. En bien : la Gym Cerveau permettra de mobiliser des aires en sommeil.

Et, là, je ne songe pas seulement aux personnes qui souffrent d'hypo-efficience.

La plupart d'entre nous, dans leur vie professionnelle, se spécialisent. A ce titre, ils mobilisent certaines zones de leur cerveau, au détriment d'autres qui restent silencieuses. Tant que les problèmes trouvent leurs réponses dans les conduites toutes préparées — on appelle cela la monostratégie — les choses se passent très bien. Mais face à des difficultés d'un genre nouveau, nous avons beaucoup de peine à réveiller les plages endormies.

La Gym Cerveau, parce qu'elle développe des exercices de styles différents, faisant appel à nos multiples facultés, suscite au contraire des *multistratégies* qui permettront, en cas de « coup dur », de faire face aux difficultés, et de façon plus générale, dans la vie courante, d'être plus efficace.

Troisième étage de la fusée : aucun de nous n'est à l'abri d'un accident de voiture, d'un traumatisme ou, encore, d'un accident vasculaire, entraînant la perte massive d'une population de neurones et, donc, une grave perturbation des fonctions cognitives. Les personnes ayant fait de la Gym Cerveau pourraient recruter de façon plus harmonieuse de larges populations de neurones ; de par la diversité de cette technique, leurs plages neuronales sont au travail « un peu partout », réparties dans divers endroits du cerveau. Dès lors, la neuroplasticité fonctionnelle, c'est-à-dire la capacité pour les neurones non spécialisés de s'activer, de prendre le relais, sera plus rapide et plus grande.

Je suis convaincue que cet avantage existe et les études que nous menons en collaboration avec le corps médical nous le confirment chaque jour. Cependant, d'un point de vue purement statistique, la preuve n'en est pas encore donnée de façon évidente, irréfutable, officielle. Nous devons attendre encore plusieurs années. Il faut que le nombre de cas observés soit assez important pour que ce qui n'est encore qu'une hypothèse scientifique apparaisse comme une certitude.

Mais, en attendant, quelle attitude devons-nous adopter envers les personnes qui nous interrogent pour savoir si la Gym Cerveau pourra leur permettre de mieux réagir en cas de lésion cérébrale ?

Leur répondre par la négative serait contraire à ce dont nous sommes persuadés, et que confirment les cas que nous avons examinés. Leur certifier que oui pourrait encore apparaître trop péremptoire, car ne reposant pas sur des données statistiques assez évidentes.

Alors nous leur expliquons qu'il s'agit d'une sorte de « pari de Pascal ». S'ils pratiquent la Gym Cerveau, ils pourront acquérir plus facilement — et de cela nous sommes certains — leur autonomie cérébrale. Leurs fonctions cognitives marcheront mieux et plus vite, ce qui leur permettra de résoudre bien des problèmes psychologiques ou sociaux. Ils posséderont en outre un certain nombre de chances de s'en sortir mieux en cas de coup dur. Qu'ont-ils à perdre ?

On pourrait étendre ce pari au dernier étage de la fusée. Nous étudions actuellement à l'Institut une maladie dégénérative appelée maladie d'Alzheimer, dont nous avons déjà parlé. Nous pensons là encore que des plages de neurones non sollicités, trop longtemps silencieux, peuvent dégénérer plus vite et constituer ainsi soit une origine, soit, en tout état de cause, un terrain favorable à l'installation de ce type de maladie, alors qu'une activation bien menée peut éviter cet enchaînement fatal. Mais, encore une fois, seul l'avenir pourra confirmer ou non notre thèse[1].

Entreprendre des exercices de Gym Cerveau, c'est donc lutter contre ce type de problèmes, nés peut-être en partie de l'hypo-activité cérébrale, et jouer, à plus long terme, sur l'avenir.

1. M. Le Poncin, J.R. Rapin, J. Sotton, C. Derouesné, *L'Hypoefficience : porte d'entrée des maladies dégénératives ?*, janvier 1987, Laboratoires UCB.

Un mois de pratique

L'activation que nous allons pratiquer pendant quatre semaines a pour fonction de rendre nos capacités cérébrales très rapidement réactives aux nombreuses tâches qui se présentent à elles : nous allons apprendre à réagir VITE.

Nous allons ainsi activer un plus grand nombre de circuits neuronaux en effectuant des tâches diverses. Nous allons donc nous adapter aux informations très variées qui vont nous arriver et apprendre à réagir SUR TOUS LES FRONTS.

Vitesse et diversification, les deux sont indispensables et doivent être menées de concert.

Cela exige de vous une certaine concentration et les exercices doivent être effectués dans les meilleures conditions psychologiques possible. Pas question de faire de la Gym Cerveau pendant les moments d'agitation, ou si vous devez résoudre des problèmes familiaux (s'occuper des enfants...) ou, plus généralement, dans les moments où vous n'aurez pas la tête à ça.

D'une façon plus générale, inutile de pratiquer les exercices dans les périodes d'anxiété ou de déprime : non seulement tous les résultats en seraient faussés, mais surtout le travail serait parfaitement inutile.

Aussi, avant d'attaquer les exercices proprement dits, je pense qu'il ne serait pas inutile que vous vous livriez à un bilan préalable. Voici deux questionnaires[1], l'un consacré à l'anxiété, l'autre à la dépression, que je vous demanderai de remplir — en cochant les cases dont vous pensez qu'elles vous concernent, le plus honnêtement possible, bien entendu.

Premier questionnaire

1. Vous sentez-vous plus nerveux (ou nerveuse) et anxieux (ou anxieuse) que d'habitude ? ..... ☐
2. Vous arrive-t-il d'avoir peur sans raison ? ..... ☐
3. Êtes-vous facilement contrarié(e) ? .... ☐
4. Êtes-vous gêné(e) par des maux d'estomac, des douleurs dans le cou, le dos ? .... ☐
5. Parfois, avez-vous l'impression que vous allez vous évanouir ? .... ☐
6. Avez-vous des difficultés d'endormissement, vous sentez-vous fatigué(e) au réveil ? .... ☐
7. Faites-vous des cauchemars ? .... ☐

Second questionnaire

1. Vous sentez-vous mélancolique et triste, le cœur à rien ? .... ☐
2. Vous sentez-vous moins en forme le matin au lever ? .... ☐
3. Vous arrive-t-il de pleurer ou d'avoir envie de pleurer ? .... ☐

1. *L'Hypo-efficience : porte d'entrée des maladies dégénératives ? op. cit.*

4. Éprouvez-vous toujours autant d'intérêt et de facilité aux tâches quotidiennes ?............ ☐

5. Avez-vous des difficultés à prendre des décisions ? .... ☐

6. Avez-vous le sentiment d'être peu utile ?...... ☐

Si vous avez coché cinq cases (ou plus) dans chacun des deux questionnaires, cela ne signifie nullement que vous soyez extrêmement anxieux ou déprimé ! Néanmoins, il ne serait pas inutile de vous interroger sur les risques possibles de troubles psychologiques conduisant à l'hypo-efficience cérébrale, voire d'entrer en contact avec les correspondants INRPVC de votre ville ou de votre département pour effectuer un Bilan de Ressources Cérébrales© et entamer une Gym Cerveau[1].

La pratique d'un mois que je vous propose s'organise en trois séances d'activation d'une durée de quinze minutes au plus, à mener de préférence le matin ou en fin d'après-midi, dans un endroit calme et silencieux. Jamais après un repas, jamais après un effort physique et toujours, je le répète, quand vous aurez la tête à ça.

Très important : respectez strictement les *temps d'observation* indiqués pour chaque exercice. L'idéal est, bien sûr, de répondre le plus rapidement possible. Pour chaque question est indiqué le temps de réponse qui traduit la meilleure performance. Vous devez vous efforcer de l'égaler en le contrôlant à l'aide d'un chrono.

Bien entendu, dès les premiers exercices, vous aurez des succès... mais aussi des échecs ! Sachez que les deux vous seront utiles dans la mesure où ils vous permettront de définir les activités cérébrales que vous

1. Contacter INRPVC pour l'adresse des centres Gym Cerveau (46-70-03-03).

aurez à entretenir, étant les plus faibles, car souvent les moins utilisées. Ainsi les développerez-vous alors particulièrement et vous découvrirez alors que vous pourrez rapidement pallier vos « manques » et devenir opérationnel dans un domaine que vous aviez cru jusque-là hors d'atteinte de vos capacités. Vous verrez que tout est possible pourvu qu'on allie la volonté à la technique.

Dites-vous encore, si parfois le découragement vous guette, que vous partez au minimum, au plus bas, et que forcément vous progresserez. Mais n'oubliez pas non plus que vous ne serez efficace que si vous vous engagez à fond. Par conséquent, pas d'états d'âme ! Accrochez-vous, essayez de répondre à toutes les questions, quitte à reprendre plusieurs fois les exercices... et ne consultez les bonnes réponses qu'après plusieurs essais infructueux.

Quelques trucs vous aideront à réussir.

Ils sont fondés sur le principe associatif et la mobilité stratégique.

Le principe associatif. Il consiste, pour mémoriser correctement une information, à l'associer à un point de référence déjà connu — autrement dit, à pratiquer des « associations d'idées ». Par exemple, si l'on veut se souvenir d'une couleur, on peut penser à l'un de ses propres vêtements qui est de la même teinte, voire à celui d'une personne que l'on connaît. Bien entendu, les références possibles sont multiples et à chacun de trouver son « truc ». Non seulement une date peut être couplée à une autre date mais à un numéro de téléphone, de rue, le nom d'une personne à tout ou partie d'un autre nom ou d'un adjectif, etc.

Ce report du nouveau à l'ancien, du non-mémorisé au mémorisé, constitue déjà une intéressante gymnastique — car parfois il faut se creuser la tête pour trouver le point d'association. En outre, non seulement il favorise la mémorisation, mais il la renforce. On constate d'ailleurs que cette technique, au fil des jours, s'affine et s'accélère : on en vient à associer de plus en plus vite et de plus en plus facilement.

La mobilité stratégique. Dans les diverses activités de la vie, surtout professionnelles, chacun de nous utilise par prédilection une certaine stratégie, parce qu'elle est la plus efficace, la plus payante. Très logiquement — du moins le croit-il —, il n'en change pas. Il est en cela semblable à un garnement qui, pour atteindre un pot de confiture juché au sommet d'une armoire, empile des chaises : si cette technique réussit, pourquoi en changer ?

L'ennui, c'est qu'au fil du temps on a tendance à privilégier cette stratégie unique (ou monostratégie) quelles que soient les circonstances, par habitude ou par paresse intellectuelle. On se trouve alors dans la position de notre garnement qui, au moment où il veut atteindre le pot de confiture... s'aperçoit qu'il n'y a plus de chaise : il se trouve désorienté et ne pensera que très tardivement, ou pas du tout, à aller chercher une échelle à la cave. De même, certains cadres ou chefs d'entreprise, face à des difficultés ou de nouvelles données du marché, ne savent pas (ou ne veulent pas) faire l'effort d'abandonner leurs anciennes stratégies pour en rechercher de nouvelles : leur fonctionnement cérébral s'est « rigidifié ». Ce manque de souplesse intellectuelle conduit souvent à l'échec.

Donc, lorsqu'un problème vous est posé au cours des exercices, ne raisonnez pas automatiquement en raison de votre stratégie habituelle mais soyez mobile, cherchez ailleurs. L'idéal serait même que vous reveniez sur certains exercices afin de voir, pour le plaisir, si, dans la recherche de leur solution, une autre méthode ne serait pas possible.

Le programme d'exercices est ici fondé sur cinq types d'activités.

Activité perceptive.

Il s'agit d'entraîner et de développer vos capacités de perception. Nous avons vu l'importance d'une perception *rapide* et *précise* des informations. Il convient donc d'entraîner sa vue, son ouïe, son sens olfactif et son toucher, tant au niveau de la rapidité que de l'acuité et de la discrimination.

Activité visuo-spatiale.

Les capacités visuo-spatiales se réfèrent aux informations mettant simultanément en jeu la *vue* et *l'espace.* Le terme d'espace inclut les notions de lieu, de surface, de volume, de distance, d'intervalle et d'orientation.

Activité de structuration.

Qui dit « structuration » dit « construction ». Il s'agit donc de développer notre aptitude à construire une structure à partir d'éléments individuels. On doit considérer l'organisation, la manière d'agencer et de regrouper les différentes informations afin d'aboutir à un ensemble cohérent.

Activité de logique.

Elle fait intervenir des arguments, des raisonnements, des déductions. Il s'agit donc de trouver la suite logique de certains faits ou événements ponctuels, pour découvrir ainsi la cohérence d'une idée ou d'une situation.

Activité verbale.

C'est l'emploi de mots justes (dits ou écrits) pour définir un objet, une idée, une action ou un concept. Il peut s'agir d'une activité visuo-verbale qui associera la vue, d'une activité auditivo-verbale qui fera appel à l'ouïe, d'une activité conceptuelle qui débouchera sur la représentation plus abstraite d'un être, d'une relation, d'une situation...

Enfin, nous ferons travailler la *mémoire immédiate* et la *mémoire différée.*

Vous voilà donc, muni d'un crayon, chronomètre à portée de la main, assis dans un endroit calme et dans un environnement propice, au seuil de ce travail qui doit être vécu non comme un labeur redoutable, mais comme l'entraînement de votre cerveau à devenir plus efficace. Vous êtes un peu comme un pianiste qui s'est fixé un certain nombre d'exercices — gammes, arpèges... — à effectuer selon un plan de travail précis. Il sait qu'il doit s'imposer quelques contraintes, mais que celles-ci ont pour but de rendre son jeu plus vif, plus alerte, plus aisé.

Quand il aura acquis cette pratique, non seulement il sera en mesure d'atteindre une certaine maîtrise technique, mais elle seule lui permettra de donner libre cours à son tempérament ou son inspiration.

De même les exercices qui vont suivre auront-ils pour conséquence, en vous libérant des contraintes nées de l'hypo-efficience qui vous empoisonnait la vie, de vous permettre de vous épanouir, de donner libre cours à votre personnalité. Quand on se libère du boulet qu'on porte au pied, alors seulement on découvre qu'on aime danser !

C'est pourquoi ce livre ne se termine pas avec ce mois d'entraînement : une dernière partie est consacrée à la Gym Cerveau dans la vie, c'est-à-dire aux diverses façons de l'appliquer dans le quotidien ainsi qu'aux divers éléments permettant de mettre tous les atouts de son côté.

Car il s'agit d'une fabuleuse partie à jouer, à la fois contre les autres et, surtout, contre soi-même.

L'enjeu ? Une meilleure façon d'appréhender les êtres et les choses, de se sentir bien dans sa peau au sein de l'univers.

On peut appeler cela le bonheur.

PREMIÈRE SEMAINE

SÉANCE 1

Faites travailler votre activité perceptive

A. En moins de **30 secondes**, essayez de trouver l'animal qui se cache dans ce dessin.

* Réponse

On trouve un oiseau dans les crêtes de la montagne à droite des patineurs.

* *Décompte des points*

Réponse exacte en moins de 30 secondes	2
Réponse exacte en moins de 45 secondes	1
Réponse exacte en plus de 45 secondes	0

B. Observez ces pièces de monnaie pendant **10 secondes** puis essayez très rapidement, en moins de **20 secondes**, de donner le nombre de pièces de monnaie différentes et celle qui n'est représentée qu'une seule fois.

* Réponse

Quinze pièces de monnaie, quatre tarifs différents, une seule à cent francs.

* *Décompte des points*

3 réponses exactes en moins de 20 secondes	3
2 réponses exactes en moins de 20 secondes	2
2 ou 3 réponses exactes en moins de 30 secondes	1
1 ou plusieurs réponses exactes en plus de 30 secondes	0

Total de votre ACTIVITÉ PERCEPTIVE (exercices A + B) ....

Faites travailler votre esprit de logique

A. Observez pendant **30 secondes** cette suite de lettres. Donnez-vous **45 secondes** au plus pour trouver de quelle manière logique les lettres manquantes ont été supprimées.

A B D E F I J K L P Q R S T Y Z A B C D J K L M N O P

* Réponse

On laisse deux lettres a, b et on en retire une c, on en laisse trois d, e, f et on en ôte deux g, h et ainsi de suite.

* *Décompte des points*

Réponse exacte en moins de 45 secondes............. 2
Réponse exacte en 45 secondes....................... 1
Réponse exacte en moins de 1 minute................ 1
Réponse exacte en plus de 1 minute 0

B. Regardez pendant **30 secondes** cette suite logique de figures. Puis essayez, en moins de **15 secondes**, de compléter les cases vides.

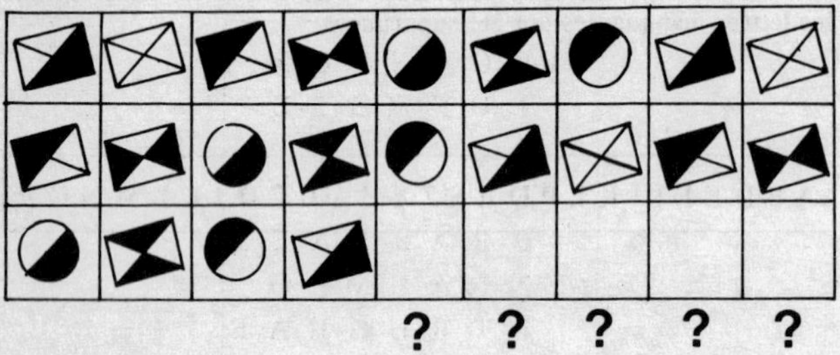

* Réponse

Les sept premières figures se répètent indéfiniment. Elles sont donc à placer dans l'ordre dans les cinq dernières cases vides.

* *Décompte des points*

Réponse exacte en moins de 15 secondes.............	3
Réponse exacte en 15 secondes......................	2
Réponse exacte en moins de 30 secondes.............	1
Réponse exacte en plus de 30 secondes	0

Total de votre ESPRIT DE LOGIQUE (exercices A + B)...... ☐

Faites travailler votre activité verbale

Observez pendant **3 minutes** ces mots aux lettres en désordre. Sans les écrire, essayez de les reconstituer et trouvez ainsi l'« intrus » qui n'a aucun point commun avec les autres.

```
O R C A N R O M
  T U E M O T E
  R E P T I V
  E T U E L O T A
  C R A S I N E S
  N I A U M E O
  U T R U C H A E
```

* Réponse

Cormoran, mouette, pivert, alouette, moineau, autruche. Tous sont des noms d'oiseaux, excepté le narcisse, qui est l'« intrus ».

* *Décompte des points*

Réponse exacte en moins de 3 minutes...............	5
Réponse exacte en 3 minutes........................	3
Réponse exacte entre 3 et 5 minutes.................	2
Réponse exacte en plus de 5 minutes	0

Total de votre ACTIVITÉ VERBALE .... ☐

Faites travailler votre mémoire immédiate

Lisez trois fois, lentement, ces deux séries de chiffres à une cadence d'environ 1 chiffre par seconde.

Fermez le livre et essayez de les restituer par écrit en moins de **40 secondes.**

8 4 6 7 2 6

5 3 9 6 8 7

* *Décompte des points*

Réponse exacte en moins de 45 secondes............. 5
Réponse exacte en 45 secondes...................... 3
Réponse exacte en moins de 1 minute................ 2
Réponse exacte en plus de 1 minute................. 0

Total de votre MÉMOIRE IMMÉDIATE (un seul exercice).... ☐

Faites travailler votre mémoire différée

Sans revenir en arrière, en moins de **45 secondes,** essayez de retrouver

- Les différentes pièces de monnaie ....

  ....

- Laquelle n'était représentée qu'une seule fois ....

  ....

- Donnez les deux séries de chiffres ....

  ....

* *Décompte des points*

3 réponses exactes en moins de 45 secondes .	10
2 réponses exactes en moins de 45 secondes .	5
1 ou deux réponses exactes en moins de 1 minute	2
1 ou plusieurs réponses exactes en plus de 1 minute	0

Total de votre MÉMOIRE DIFFÉRÉE (un exercice). . . . ☐

Votre première séance est terminée.

Vous pouvez en faire le bilan.

Total de l'ACTIVITÉ PERCEPTIVE .... [ ]

Total de l'ESPRIT DE LOGIQUE .... [ ]

Total de l'ACTIVITÉ VERBALE.................. [ ]

Total de la MÉMOIRE IMMÉDIATE .... [ ]

Total de la MÉMOIRE DIFFÉRÉE................ [ ]

Faites le total de vos points pour connaître votre note d'efficacité.

Note d'efficacité de la première séance : ..../30

SÉANCE 2

Faites travailler votre activité perceptive

Observez ce tableau de lettres pendant **10 secondes.**

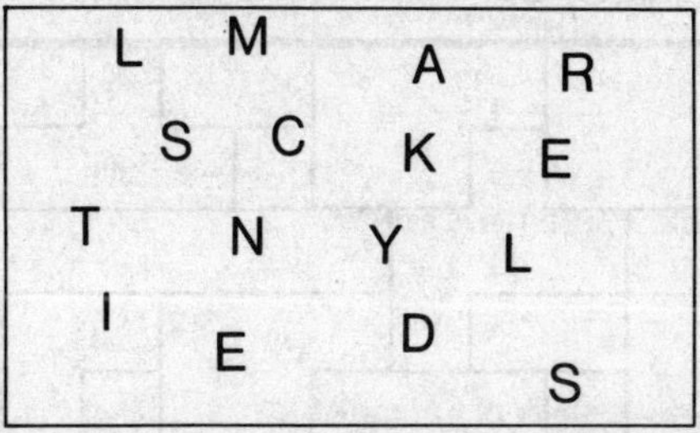

Imaginez que vous recouvrez ce tableau à l'aide du cache ci-dessous, et inscrivez les lettres dans les ronds de ce cache. En moins de **30 secondes**, dites quel est le mot de neuf lettres qui apparaît dans les ronds.

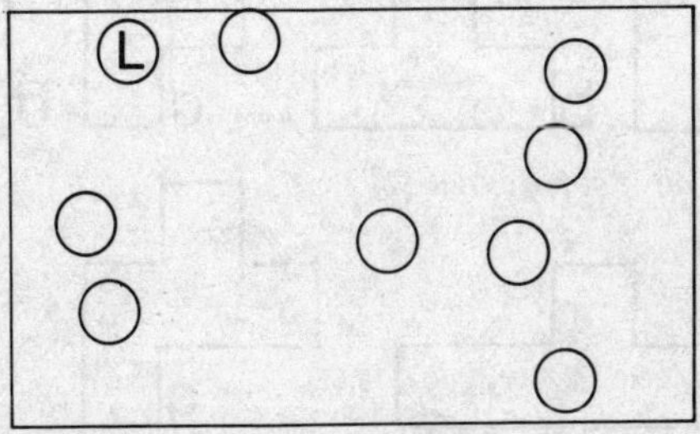

* Réponse

Le mot qui apparaît dans les ronds est myrtilles.

* *Décompte des points*

Réponse exacte en moins de 30 secondes 5
Réponse exacte en 30 secondes...................... 3
Réponse exacte en moins de 1 minute................ 1
Réponse exacte en plus de 1 minute 0

Total de votre ACTIVITÉ PERCEPTIVE (un seul exercice).... ☐

Faites travailler votre activité visuo-spatiale

A. Observez ce dessin pendant **15 secondes** puis dites, en moins de 1 minute, combien de fois sont représentées les formes a, b, c, d, e, f, g et h. Quelle est la particularité de ces trois dernières ?

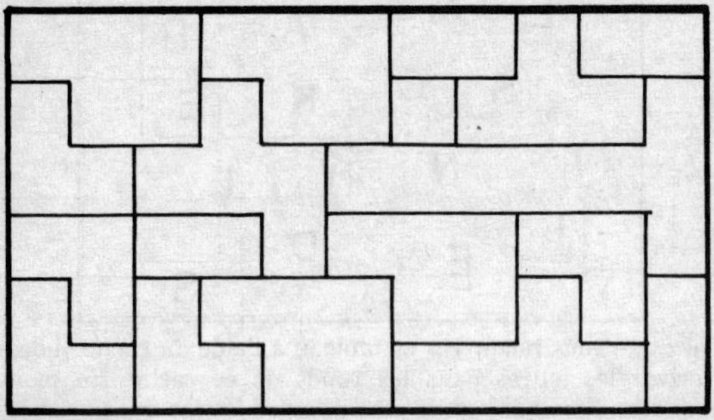

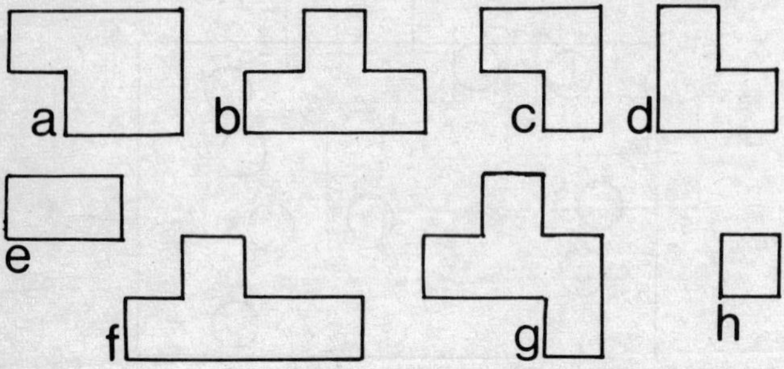

* Réponse

Les formes a, e apparaissent quatre fois, la forme d trois fois, la forme c deux fois, les formes f, g, h ne sont représentées qu'une seule fois ainsi que la forme b.

* *Décompte des points*

Les 2 réponses exactes en moins de 1 minute	3
1 réponse exacte en moins de 1 minute	2
Les 2 réponses exactes en 1 minute	2
1 réponse exacte en 1 minute	1
1 ou 2 réponses exactes en plus de 1 minute	0

B. Observez pendant **15 secondes** ce volume en papier. Il a été obtenu par pliage de l'une des 3 figures planes 1, 2 ou 3. En moins de **30 secondes**, découvrez laquelle.

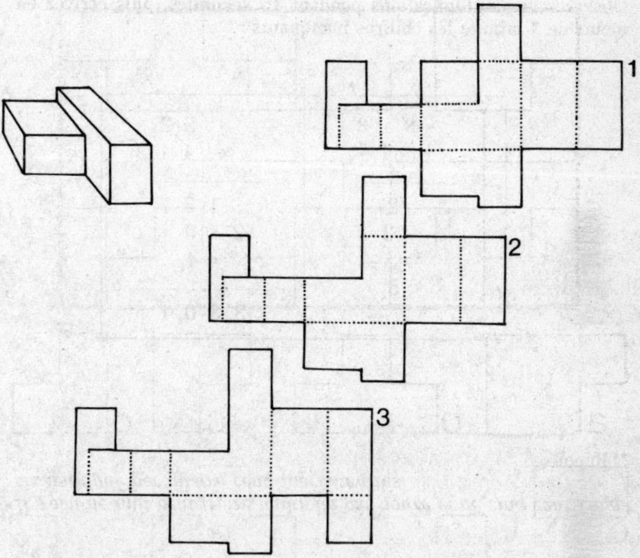

* Réponse

Le volume a été obtenu par pliage de la figure plane un.

* *Décompte des points*

Bonne réponse en moins de 30 secondes	2
Bonne réponse en 30 secondes	1
Bonne réponse en plus de 30 secondes	0

Total de votre ACTIVITÉ VISUO-SPATIALE (A + B) .... ☐

Faites travailler votre activité de structuration

Observez ces multiplications pendant **15 secondes,** puis écrivez en moins de **1 minute** les chiffres manquants :

8 · 3	5 2 ·
× 1 ·	× 4 · 3
1 · 2 ·	1 5 7 ·
· · 3	2 · 0 ·
	2 · · 4
· · 5 ·	· 3 3 0 1 ·

* Réponse

Il s'agit de huit cent treize multiplié par douze et de cinq cent vingt-six multiplié par quatre cent quarante-trois.

* *Décompte des points*

Les 2 réponses exactes en moins de 1 minute	5
1 réponse exacte en moins de 1 minute	4
Les 2 réponses exactes en 1 minute..................	3
1 réponse exacte en 1 minute	1
1 ou 2 réponses exactes en plus de 1 minute	0

Total de votre ACTIVITÉ DE STRUCTURATION (un seul exercice) ....

Faites travailler votre mémoire immédiate

Observez ces lettres pendant **15 secondes**, fermez le livre et essayez d'écrire immédiatement le mot qu'on pourrait former avec toutes les lettres.

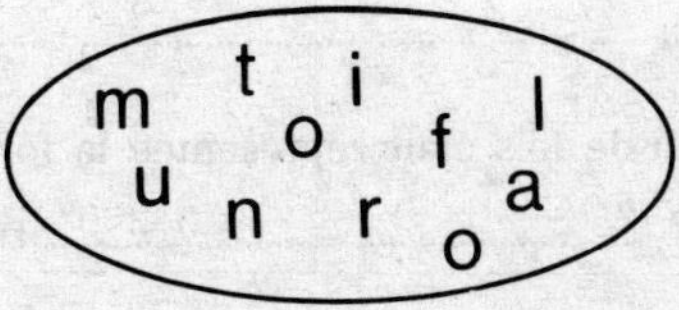

* Réponse

Le mot est formulation.

* *Décompte des points*

Réponse en moins de 5 secondes	5
Réponse en moins de 10 secondes	4
Réponse en moins de 15 secondes	2
Réponse en 15 secondes au plus....................	1
Réponse en plus de 15 secondes....................	0

Total de votre MÉMOIRE IMMÉDIATE (un seul exercice).... ☐

Faites travailler votre mémoire différée

Sans revenir en arrière, en moins de **45 secondes,** essayez de retrouver

- Quel était le mot qui apparaissait dans les trous du cache ? ....

  ....

- Combien de fois était représentée la forme b dans le dessin ? ....

- Quels étaient les chiffres manquants des multiplications ? ....

  ....

* *Décompte des points*

3 réponses exactes en moins de 45 secondes .	10
2 réponses exactes en moins de 45 secondes .	5
1 réponse exacte en moins de 45 secondes. . .	3
2 ou 3 réponses exactes en moins de 1 minute	2
1 ou plusieurs réponses exactes en plus de 1 minute	0

Total de votre MÉMOIRE DIFFÉRÉE
(un seul exercice) . . . . ☐

Votre deuxième séance est terminée.

Vous pouvez en faire le bilan.

Total de l'ACTIVITÉ PERCEPTIVE .... [ ]

Total de l'ACTIVITÉ VISUO-SPATIALE........... [ ]

Total de l'ACTIVITÉ DE STRUCTURATION .... [ ]

Total de la MÉMOIRE IMMÉDIATE .... [ ]

Total de la MÉMOIRE DIFFÉRÉE............... [ ]

Faites le total de vos points pour connaître votre note d'efficacité.

Note d'efficacité de la deuxième séance : ....**/30**

SÉANCE 3

Faites travailler votre activité visuo-spatiale

Observez ces crayons pendant **10 secondes** puis regroupez en moins de **30 secondes** ceux qui sont de même longueur.

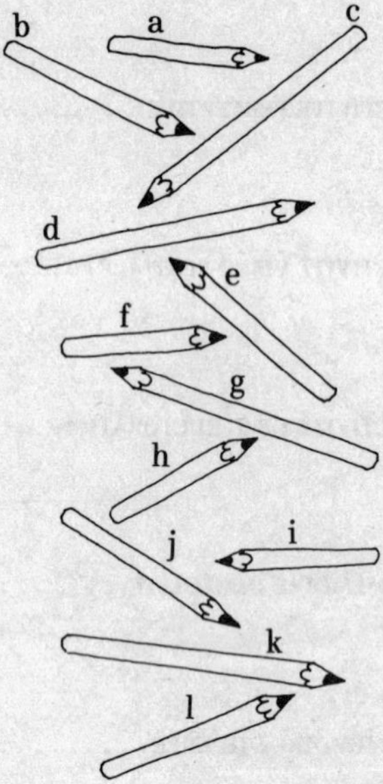

* Réponse

Il y a trois longueurs différentes a, f, h, i ; b, e, j, l ; c, d, g, k.

* *Décompte des points*

Réponse exacte en moins de 30 secondes............	5
Réponse exacte en 30 secondes......................	3
Réponse exacte en moins de 45 secondes............	1
Réponse exacte en plus de 45 secondes	0

Total de votre ACTIVITÉ VISUO-SPATIALE (un exercice)..... ☐

Faites travailler votre activité de structuration

A. Observez ces nombres de 3 chiffres pendant **15 secondes** : ils présentent tous la même particularité, sauf l'un d'entre eux. En moins de **15 secondes**, trouvez l'« intrus ».

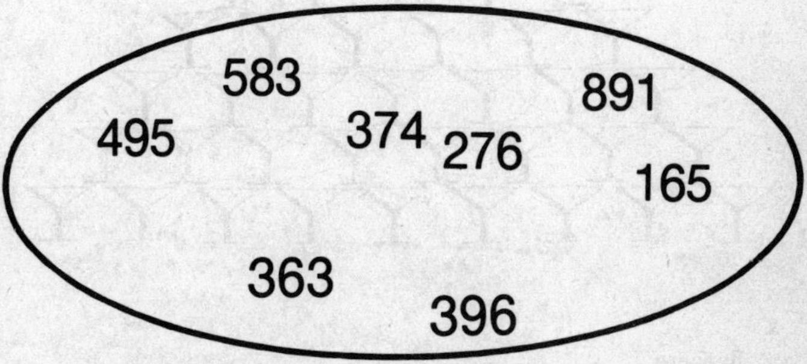

* Réponse

Les nombres sont composés de trois chiffres dont celui du milieu est la somme des deux autres, sauf le nombre deux cent soixante-seize.

* *Décompte des points*

Réponse exacte en moins de 15 secondes	3
Réponse exacte en 15 secondes......................	2
Réponse exacte en moins de 45 secondes	1
Réponse exacte en plus de 45 secondes	0

B. Observez cette pyramide de verres pendant **10 secondes** et trouvez en moins de **30 secondes** quel verre on doit enlever pour que la pyramide s'écroule.

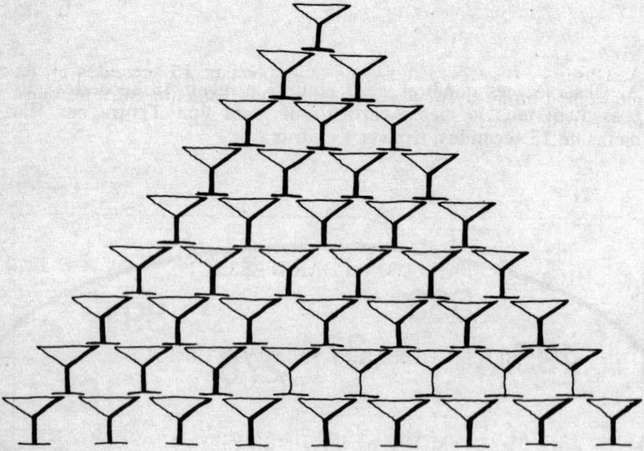

* Réponse

Il faut retirer le verre central de la rangée du bas, le cinquième pour que la pyramide s'écroule.

* *Décompte des points*

Réponse exacte en moins de 30 secondes 2
Réponse exacte en 30 secondes..................... 1
Réponse exacte en plus de 30 secondes 0

Total de votre ACTIVITÉ DE STRUCTURATION (A + B) ....

Faites travailler votre activité verbale

A. Observez ces trois couples de mots pendant **15 secondes** et, en moins de **1 minute**, trouvez quel est le point commun entre les deux éléments de chaque couple.

PAPILLON - CHAR D'ASSAUT

ABEILLE - APPAREIL PHOTOGRAPHIQUE

MONTAGNE - HORLOGE

* Réponse

Le mot chenille est commun au papillon et au char d'assaut, le mot *cellule* commun à l'abeille et à l'appareil photographique, enfin le mot *aiguille* s'applique à la fois à la montagne et à l'horloge.

* *Décompte des points*

3 réponses exactes en moins de 1 minute.............	3
2 réponses exactes en moins de 1 minute.............	2
1 réponse exacte en moins de 1 minute	1
3, 2 ou 1 réponse exacte en 1 minute	0

B. Observez ces neuf couples de lettres pendant **15 secondes** et formez, en moins de **2 minutes**, à partir de ces couples un mot de 6 lettres (par exemple avec SA, on trouve SAVOIR).

	EC		SC
VO			SA
	ID	UC	
LO	HA		EG

* Réponse

On peut trouver par exemple : bûcher, pécule, ivoire, manège, muscle, druide, chalet, pelote, savant, etc.

* *Décompte des points*

9 mots de 6 lettres en moins de 2 minutes............ 2
9 mots de 6 lettres en 2 minutes 1
9 mots de 6 lettres en plus de 2 minutes 0

Total de votre ACTIVITÉ VERBALE (A + B)................

Faites travailler votre mémoire immédiate

Observez ce plan pendant **3 minutes**, puis fermez le livre et essayez, en moins de **1 minute**, de le reproduire de la manière la plus détaillée possible, en indiquant le nom des rues, des établissements publics, des commerçants, etc.

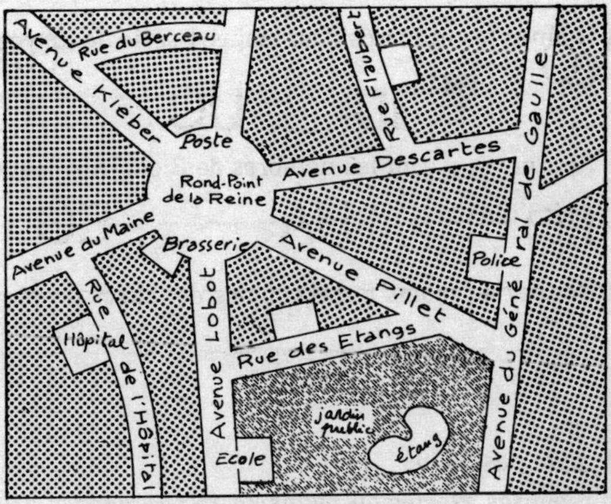

* *Décompte des points*

Au moins 10 données du plan en moins de 1 minute...	5
Au moins 10 données du plan en 1 minute	4
7 données du plan en moins de 1 minute	3
7 données du plan en 1 minute......................	2
5 données du plan en 1 minute......................	1
Certaines données en plus de 1 minute..............	0

Total de votre MÉMOIRE IMMÉDIATE (un seul exercice).... ☐

Faites travailler votre mémoire différée

Sans revenir en arrière, en moins de **45 secondes**

- Donnez les numéros d'au moins 1 série de crayons de même longueur ....

- Retrouvez, parmi les nombres de 3 chiffres, lequel était l'intrus ....

- Donnez au moins 5 des couples de lettres proposées ..

....

* *Décompte des points*

3 réponses exactes en moins de 45 secondes .	10
2 réponses exactes en moins de 45 secondes .	5
1 réponse exacte en moins de 45 secondes. . .	3
3 ou 2 réponses exactes en moins de 1 minute	2
1 ou plusieurs réponses exactes en plus de 1 minute	0

Total de votre MÉMOIRE DIFFÉRÉE (un seul exercice) . . . . [ ]

Votre troisième séance est terminée.

Vous pouvez en faire le bilan.

Total de l'ACTIVITÉ VISUO-SPATIALE............ ☐

Total de l'ACTIVITÉ DE STRUCTURATION .... ☐

Total de l'ACTIVITÉ VERBALE.................. ☐

Total de la MÉMOIRE IMMÉDIATE .... ☐

Total de la MÉMOIRE DIFFÉRÉE.............. ☐

Faites le total de vos points pour connaître votre note d'efficacité.

Note d'efficacité de la troisième séance : .... **/30**

Faites le graphique de votre progression de la 1re semaine

Graphique type (à titre d'exemple)

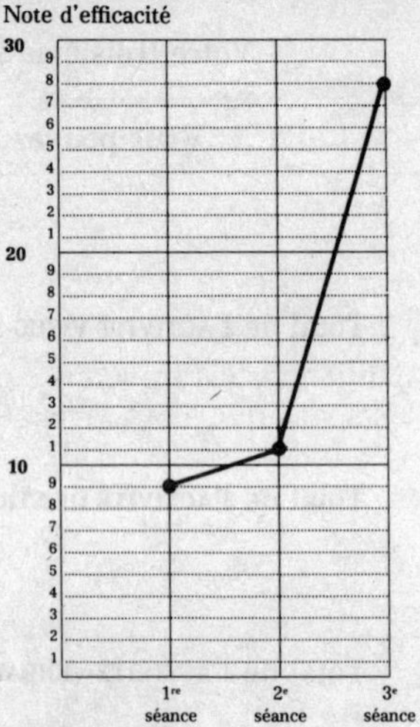

Sur le graphique qui vous est dévolu, indiquez l'emplacement de votre note correspondant à chacune des trois séances et reliez les trois notes par un trait. (Dans le graphique type, j'ai représenté une personne ayant 9 sur 30 à la première séance, 11 sur 30 à la deuxième, et 28 sur 30 à la troisième.)

Tracez votre graphique

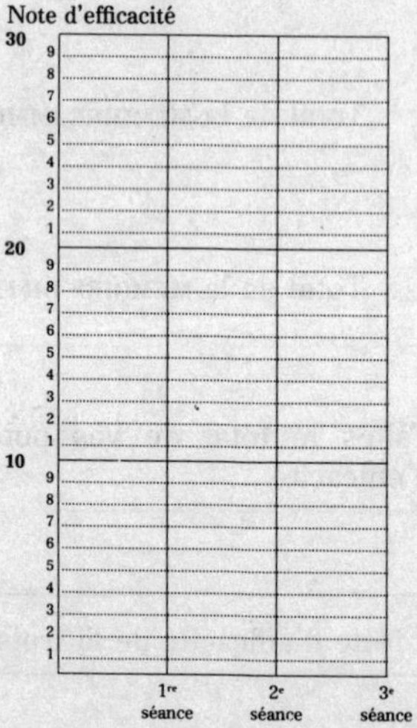

Calculez votre note d'efficacité de la semaine

Additionnez les trois notes et divisez le total par trois. (Dans l'exemple que nous avons choisi, on aurait ainsi 9 + 11 + 28 = 48, divisé par 3 = 16.)

1re séance	2e séance	3e séance	TOTAL	Divisez par trois
	+	+	=	
Note d'efficacité de la semaine				...... /30

DEUXIÈME SEMAINE

SÉANCE 1

Faites travailler votre activité perceptive

A. En moins de **30 secondes**, trouvez quelles sont les différences entre ces deux dessins.

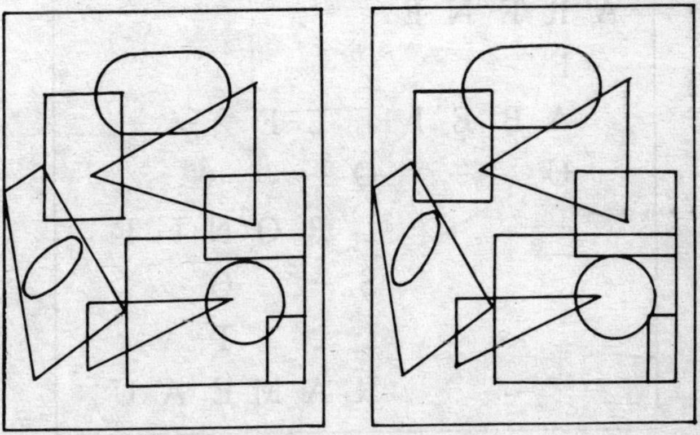

* Réponse

Il existe cinq différences : rectangle en haut à gauche plus petit, triangle à droite dans le rectangle du haut à gauche plus petit, l'ellipse en haut et au centre empiète moins sur le triangle, le cercle en bas à droite n'empiète plus sur le rectangle, l'ellipse est placée différemment.

* *Décompte des points*

3 réponses exactes en moins de 20 secondes..........	3
2 réponses exactes en moins de 30 secondes..........	2
2 ou 3 réponses exactes en plus de 30 secondes.......	1
1 ou plusieurs réponses exactes en plus de 30 secondes....................................	0

B. Observez cette grille pendant 15 secondes et trouvez quel mot peut être formé avec les lettres situées aux intersections de deux mots.

	P	A	N	A	C	H	E			
	O									
	I									
A	R	E	N	E						
	E									
	A	B	E	I	L	L	E			
	U				O					
					I	R	O	N	I	E
					S			O		
					I			T		
					R	A	M	E	A	U

* Réponse

Le mot est praliner.

* *Décompte des points*

Réponse exacte en moins de 15 secondes 2
Réponse exacte en moins de 30 secondes 1
Réponse exacte en plus de 30 secondes 0

Total de votre ACTIVITÉ PERCEPTIVE (A + B) .... [ ]

Faites travailler votre esprit de logique

A. Observez ces horloges pendant **30 secondes.** Il y a une suite logique. Trouvez-la et complétez le cadran sans aiguille.

* Réponse

La première horloge doit marquer dix-sept heures (plus quatre heures trente à chaque fois), la deuxième seize heures trente (moins quarante-cinq minutes à chaque fois), et la troisième sept heures quarante (plus cinquante minutes à chaque fois).

* *Décompte des points*

3 réponses exactes en moins de 15 secondes..........	3
3 réponses exactes en 15 secondes....................	2
2 réponses exactes en moins de 30 secondes..........	1
3 ou 2 réponses exactes en plus de 30 secondes.......	0

B. Observez ces séries de lettres pendant **30 secondes** et complétez de manière logique les deux dernières séries et donnez pour chaque série l'explication de la suite.

B + D = F	R — H = J
C + M = ?	V — ? = G

* Réponse

Si on remplace chaque lettre par son numéro d'ordre dans l'alphabet a égal 1, b égal 2, et ainsi de suite, les séries sont vérifiées : b plus d égal f, r moins h égal j. Donc les deux dernières séries doivent être ainsi complétées : c plus m égal p et v moins o égal g.

* *Décompte des points*

4 réponses exactes en moins de 30 secondes	2
3 réponses exactes en 30 secondes..................	1
3 réponses exactes en moins de 1 minute.............	1
4, 3 ou 2 réponses exactes en plus de 1 minute	0

Total de votre ESPRIT DE LOGIQUE (A + B) .... [ ]

Faites travailler votre activité verbale

Observez ces neuf couples de lettres pendant **1 minute** et formez des mots de trois lettres (au moins un) avec chacun des couples.

C I	M O	J U
C R	J E	R O
P O	S E	C E

* Réponse

Par exemple : cep, jus, rot, mot, jeu, sel, cil, pot, cri...

* *Décompte des points*

9 réponses exactes en moins de 1 minute.............	5
6 réponses exactes en moins de 1 minute.............	3
Au moins 6 réponses exactes en 1 minute	2
Moins de 6 réponses en plus de 1 minute	0

Total de votre ACTIVITÉ VERBALE (un seul exercice) ......

Faites travailler votre mémoire immédiate

Lisez une fois ce texte, lentement et à haute voix.

> ... Dans les temps quasi préhistoriques de Roland-Garros, à l'époque de Bjorn Borg et de Guillermo Vilas, le tennis défensif était roi. La tendance s'est aujourd'hui légèrement inversée. Certes, le jeu d'un Lendl reste relativement peu enthousiasmant. Mais Wilander a mis du piment dans son tennis. Et l'apparition de Becker dans le carré d'as des champions de la terre battue montre aujourd'hui que l'avenir appartient sans doute à des forces de la nature pour qui la surface de jeu importe peu. Car ils ont à leur disposition l'« arme absolue » : un service surpuissant.
> « De mon temps », dit l'ancien « mousquetaire » Jean Borotra, quatre-vingt-neuf ans, « le service était une mise en jeu. Aujourd'hui, c'est une mise à mort ! »
>
> *Texte de J. Lesieur.*

Tournez la page. Donnez-vous **30 secondes** pour répondre :

- Quel est l'âge de Borotra ? ....
- Combien de noms de tennismen différents sont mentionnés ? Énoncez-les. ....
  ....

* *Décompte des points*

2 réponses exactes en moins de 15 secondes .	5
2 réponses exactes en 15 secondes	3
2 réponses exactes en 30 secondes	2
2 réponses exactes en plus de 30 secondes ..	0

Total de votre MÉMOIRE IMMÉDIATE
(un seul exercice) .... [ ]

Faites travailler votre mémoire différée

Sans revenir en arrière, en moins de **45 secondes**, essayez de retrouver

- Quel était le mot formé par les lettres placées aux intersections de la grille ? ....
- A quoi était égal C + M ? ....
- Donnez au moins 5 des couples de 2 lettres. ....

....

* *Décompte des points*

3 réponses exactes en moins de 45 secondes .	10
2 réponses exactes en moins de 45 secondes .	5
3 ou 2 réponses exactes en moins de 1 minute	2
1 ou plusieurs réponses exactes en plus de 1 minute	0

Total de votre MÉMOIRE DIFFÉRÉE (un seul exercice) . . . .

Votre première séance est terminée.

Vous pouvez en faire le bilan.

Total de l'ACTIVITÉ PERCEPTIVE .... ☐

Total de l'ESPRIT DE LOGIQUE .... ☐

Total de l'ACTIVITÉ VERBALE..................... ☐

Total de la MÉMOIRE IMMÉDIATE .... ☐

Total de la MÉMOIRE DIFFÉRÉE................. ☐

Faites le total de vos points pour connaître votre note d'efficacité.

Note d'efficacité de la première séance : ..../**30**

SÉANCE 2

Faites travailler votre activité perceptive

Observez cette robe pendant **10 secondes.**

En moins de **15 secondes**, dites combien elle comporte de rayures différentes ; lesquelles ; quelle est leur particularité.

* Réponse

La robe comporte six sortes de rayures différentes réparties de façon symétrique par rapport à la ceinture (rayure noire opaque, située au niveau de la taille).

* *Décompte des points*

3 réponses exactes en moins de 15 secondes..........	5
3 réponses exactes en 15 secondes....................	3
1, 2 ou 3 réponses exactes en moins de 30 secondes...	1
1, 2 ou 3 réponses exactes en 30 secondes	0

Total de votre ACTIVITÉ PERCEPTIVE (un seul exercice)..... ☐

Faites travailler votre activité visuo-spatiale

Observez ces formes pendant **15 secondes** et appariez-les.

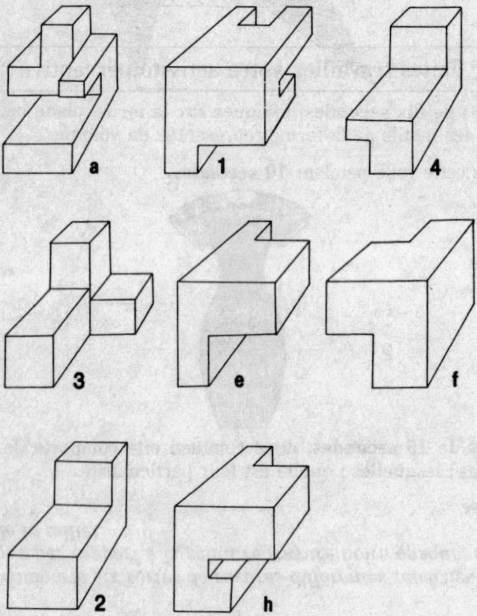

* Réponse

a un, e deux, f trois, h quatre.

* *Décompte des points*

4 réponses exactes en moins de 30 secondes..........	3
4 réponses exactes en 30 secondes..................	2
2 ou 3 réponses exactes en 30 secondes.............	2
1 ou 2 réponses exactes en 30 secondes.............	1
4, 3 ou 2 réponses exactes en moins de 1 minute.....	1
4 ou moins de 4 réponses exactes en 1 minute........	0

B. Observez cette forme géométrique pendant **10 secondes.**

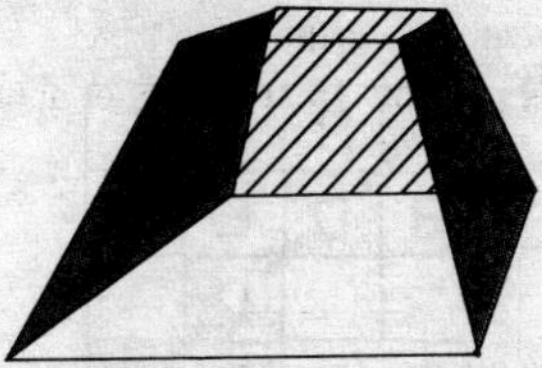

En moins de **dix secondes**, indiquez sur la forme plane originale ci-dessous les motifs de la forme représentée en volume.

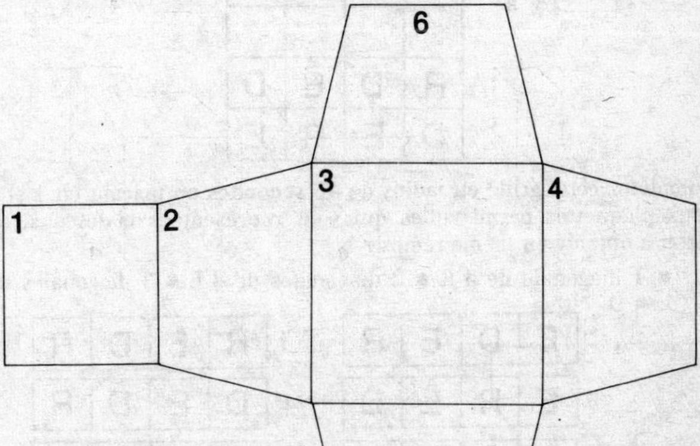

* Réponse
Un et trois blanc, deux et quatre noir, six hachuré et cinq blanc.

* *Décompte des points*

Réponse exacte en moins de 30 secondes............. 2
Réponse exacte en 30 secondes..................... 1
Réponse exacte en plus de 30 secondes 0

Total de votre ACTIVITÉ VISUO-SPATIALE (A + B) .... ☐

Faites travailler votre activité de structuration

Regardez attentivement cette grille pendant **15 secondes.**

D	R	D	E	
R	D	E	E	
		D		1
E	R	D	D	
E	D	R	D	
				2
R	D	E	D	
D	E	R	E	

Complétez cette grille en moins de **45 secondes** en plaçant en 1 et 2 deux plaquettes parmi celles qui sont représentées ci-dessous, de façon à obtenir en même temps :

- 1 diagonale de 4 R • 2 diagonales de 4 E • 3 diagonales de 4 D

b	E	D	E	R	f	R	E	D	R
a	E	R	E	D	e	D	E	D	R
c	R	E	D	D	g	D	R	E	R
d	D	R	E	R	h	E	R	E	D

* Réponse *Il faut compléter un avec c, deux avec e.*

* *Décompte des points*

2 réponses exactes en moins de 45 secondes..........	5
1 réponse exacte en moins de 45 secondes............	4
2 réponses exactes en 45 secondes..................	3
1 réponse exacte en 45 secondes	1
1 ou 2 réponses exactes en plus de 45 secondes.......	0

Total de votre ACTIVITÉ DE STRUCTURATION (un seul exercice) ....

Faites travailler votre mémoire immédiate

Observez cette carte de France pendant **15 secondes** puis fermez le livre ; essayez, en moins de **45 secondes**, de reconstituer de mémoire l'itinéraire indiqué, en nommant les villes traversées.

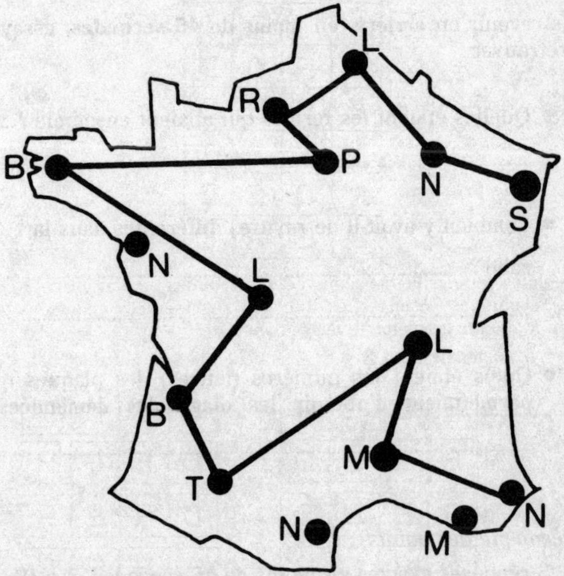

* *Décompte des points*

Réponse exacte en moins de 15 secondes............	5
Réponse exacte en moins de 30 secondes............	4
Réponse exacte en 30 secondes.....................	2
Réponse exacte en moins de 45 secondes............	1
Réponse exacte en 45 secondes.....................	1
Réponse exacte en plus de 45 secondes	0

Total de votre MÉMOIRE IMMÉDIATE (un seul exercice).... ☐

Faites travailler votre mémoire différée

Sans revenir en arrière, en moins de **45 secondes,** essayez de retrouver

- Quelles étaient les formes qui allaient ensemble ? ....

  ....

- Combien y avait-il de rayures différentes dans la robe ? ....

  ....

- Quels étaient les numéros (lettres) des plaques qui permettaient d'obtenir les diagonales demandées ?

  ....

* *Décompte des points*

3 réponses exactes en moins de 45 secondes .	10
2 réponses exactes en moins de 45 secondes .	5
1 réponse exacte en moins de 45 secondes. . .	3
3 ou 2 réponses exactes en moins de 1 minute	2
1 ou plusieurs réponses exactes en plus de 1 minute	0

Total de votre MÉMOIRE DIFFÉRÉE (un seul exercice) . . . . ☐

Votre deuxième séance est terminée.

Vous pouvez en faire le bilan.

Total de l'ACTIVITÉ PERCEPTIVE ....

Total de l'ACTIVITÉ VISUO-SPATIALE............

Total de l'ACTIVITÉ DE STRUCTURATION ....

Total de la MÉMOIRE IMMÉDIATE ....

Total de la MÉMOIRE DIFFÉRÉE..............

Faites le total de vos points pour connaître votre note d'efficacité.

Note d'efficacité de la deuxième séance : ..../**30**

SÉANCE 3

Faites travailler votre activité visuo-spatiale

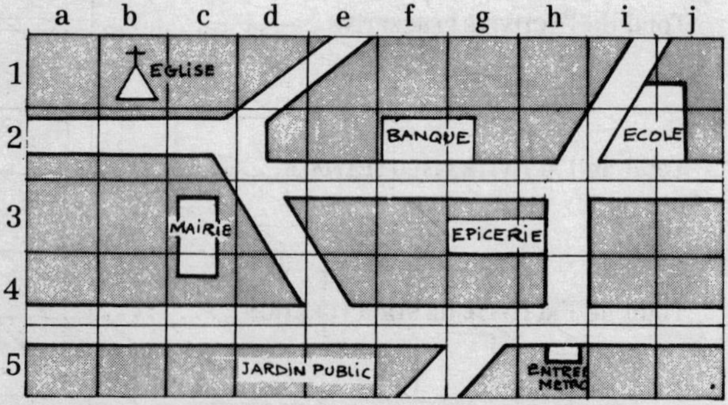

Observez ce plan pendant **45 secondes** en vous aidant des repères (chiffres et lettres) ; essayez, en moins de **1 minute**, de situer, par rapport aux chiffres et aux lettres, la mairie, l'entrée du métro, le jardin public, l'église, la banque, l'école et l'épicerie.

* Réponse

La mairie est en c trois quatre ; le métro en h cinq ; l'église en b un ; la banque en f-g deux ; l'école en i-j un-deux ; l'épicerie en g-h trois ; le jardin public en d-e cinq.

* *Décompte des points*

Au moins 5 réponses exactes en moins de 45 secondes	5
Au moins 4 réponses exactes en 45 secondes	2
Au moins 3 réponses exactes en 45 secondes	1
5, 4, 3, 2 ou 1 réponse exacte en 1 minute	0

Total de votre ACTIVITÉ VISUO-SPATIALE (un seul exercice)

Faites travailler votre activité de structuration

A. Observez cet ensemble pendant **10 secondes** et donnez-vous **30 secondes** pour déterminer quel est le nombre de cubes manquants.

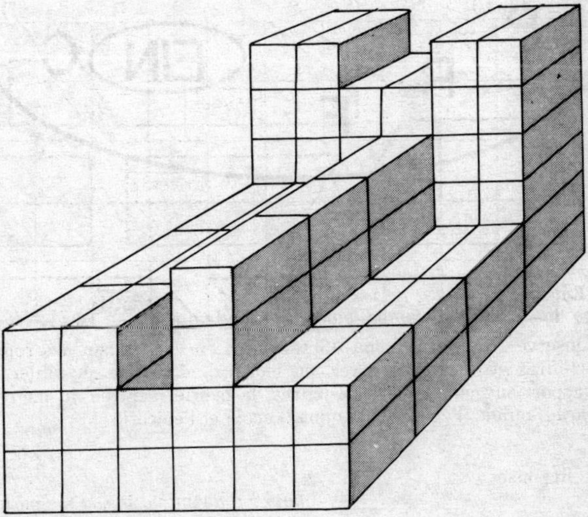

* Réponse

Il y en a soixante-deux.

* *Décompte des points*

Réponse exacte en moins de 30 secondes.............	2
Réponse exacte en 30 secondes......................	1
Réponse exacte en moins de 1 minute................	0

B. Observez ces lettres pendant **30 secondes** et composez en moins de **45 secondes** un maximum de mots (au moins 5) en utilisant pour chacun au moins 2 des lettres proposées et en ajoutant EIN, par exemple : Peint.

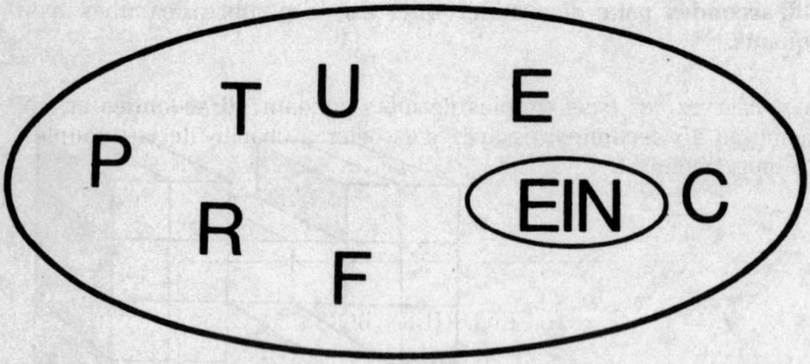

* Réponse

Feinte, peinture, reine, peine, ceinture, frein, etc.

* *Décompte des points*

Au moins 5 mots en moins de 30 secondes	3
Au moins 5 mots en 30 secondes	2
Au moins 5 mots en 45 secondes	1
Au moins 5 mots en 1 minute	0

Total de votre ACTIVITÉ DE STRUCTURATION (A + B)......

Faites travailler votre activité verbale

A. Observez ces trois couples de mots pendant **10 secondes** et, en moins de **45 secondes**, essayez d'associer à chacun de ces couples un mot commun :

CENDRIER - BOIS

OREILLE - MENUISIER

STYLO - PIEUVRE

* Réponse

Par exemple : cendre pour le premier ; marteau pour le deuxième ; encre pour le troisième.

* *Décompte des points*

3 ou 2 réponses exactes en moins de 45 secondes	2
3, 2 ou 1 réponse exacte en 45 secondes	1
3, 2 ou 1 réponse exacte en 1 minute	0

B. Observez cet ensemble de lettres pendant **30 secondes** et essayez de trouver, en moins de **1 minute**, un maximum de mots se terminant par AL.

	I	?	E	
		E	?	
	R	?	G	
		A	?	AL
	B	?	C	
		O	?	
S	?	G	?	
	T	?	T	

* Réponse

Idéal, égal, régal, aval, bocal, oral, signal, total.

* *Décompte des points*

Au moins 6 mots exacts en 45 secondes 3
Au moins 4 mots exacts en 45 secondes 2
Au moins 6 mots exacts en 1 minute 1
3, 4, 5 ou 6 mots exacts en 1 minute 0

Total de votre ACTIVITÉ VERBALE **(A + B)** ....

Faites travailler votre mémoire immédiate

Observez cet ensemble d'objets pendant **30 secondes** puis fermez le livre et essayez, en moins de **1 minute**, de les redonner, même dans le désordre.

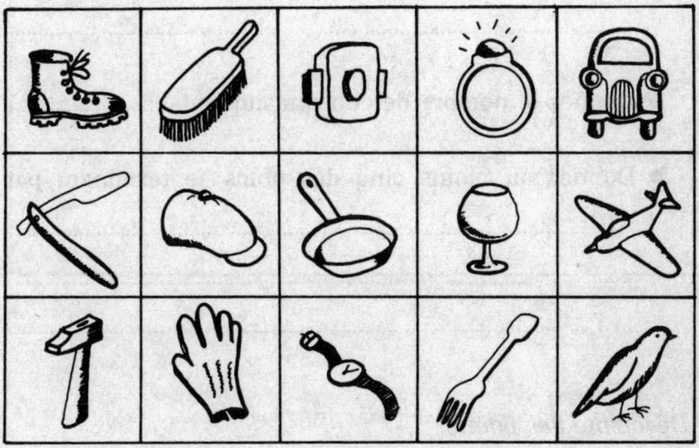

* *Décompte des points*

Au moins 10 objets en moins de 1 minute 5
Au moins 10 objets en 1 minute 4
Au moins 7 objets en moins de 1 minute 3
Au moins 7 objets en 1 minute 2
Au moins 5 objets en 1 minute 1
Quelques objets (3, 4) en plus de 1 minute 0

Total de votre MÉMOIRE IMMÉDIATE .... ☐

Faites travailler votre mémoire différée

Sans revenir en arrière, en moins de **45 secondes**

- Donnez les coordonnées (chiffres et lettres) dans le plan de l'exercice 1, de la mairie, de l'école, de l'épicerie ....

  ....

- Donnez le nombre de cubes manquants ....

- Donnez au moins cinq des noms se terminant par

  AL ....

  ....

  ....

* *Décompte des points*

3 réponses exactes en moins de 45 secondes .	10
2 réponses exactes en moins de 45 secondes .	5
1 réponse exacte en moins de 45 secondes. . .	3
3 ou 2 réponses exactes en moins de 1 minute	2
1 ou plusieurs réponses exactes en plus de 1 minute	0

Total de votre MÉMOIRE DIFFÉRÉE
(un seul exercice) . . . . [ ]

Votre troisième séance est terminée.

Vous pouvez en faire le bilan.

Total de l'ACTIVITÉ VISUO-SPATIALE............ ☐

Total de l'ACTIVITÉ DE STRUCTURATION .... ☐

Total de l'ACTIVITÉ VERBALE................. ☐

Total de la MÉMOIRE IMMÉDIATE .... ☐

Total de la MÉMOIRE DIFFÉRÉE............... ☐

Faites le total de vos points pour connaître votre note d'efficacité.

Note d'efficacité de la troisième séance : ....**/30**

Faites le graphique de votre progression de la 2e semaine

Note d'efficacité

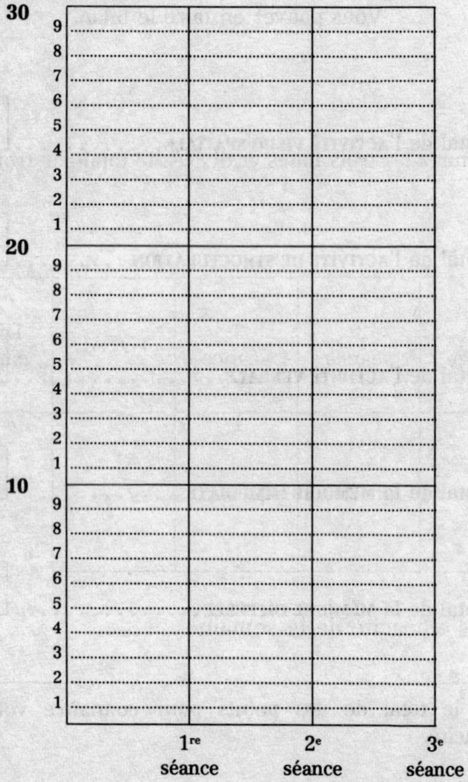

Si vous avez des difficultés, reportez-vous à la page 124.

Calculez votre note d'efficacité de la semaine

Additionnez les trois notes et divisez le total par trois.

1re séance	2e séance	3e séance	TOTAL	Divisez par trois
	+	+	=	
Note d'efficacité de la semaine				...... /30

TROISIÈME SEMAINE

SÉANCE 1

Faites travailler votre activité perceptive

A. Observez pendant **10 secondes** cet ensemble de verres et dites en moins de **15 secondes** combien vous en voyez.

* Réponse :
Il y a vingt verres.

* *Décompte des points*

Réponse exacte en moins de 15 secondes	2
Réponse exacte en 15 secondes	1
Réponse exacte en plus de 15 secondes	0

B. Observez ce tableau pendant **30 secondes.**

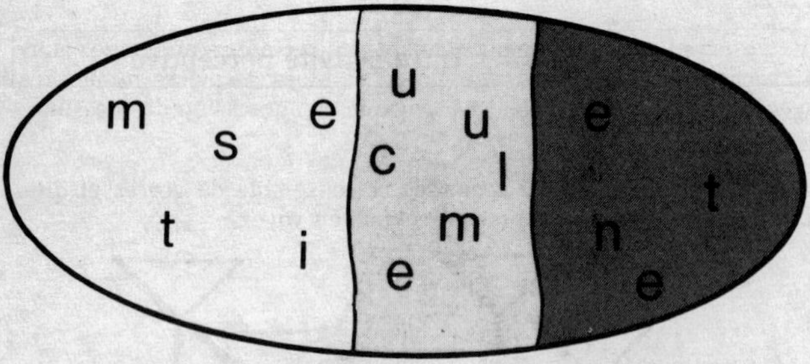

Dites en moins de **45 secondes** quel mot vous pouvez former dans la partie blanche, la partie grisée foncée, la partie grisée claire, et celui que vous pouvez former avec l'ensemble des trois parties.

* Réponse : *On forme dans la partie blanche métis, dans la partie grisée claire cumule, dans la partie grisée foncée ente et méticuleusement.*

* *Décompte des points*

4 réponses exactes en moins de 45 secondes	3
2, 3 réponses exactes en moins de 45 secondes	2
4, 3 réponses exactes en 1 minute	1
Moins de 3 réponses exactes en 1 minute	0

Total de votre ACTIVITÉ PERCEPTIVE (un seul exercice).... ☐

Faites travailler votre esprit de logique

A. Observez cette pyramide pendant **15 secondes** et donnez-vous **45 secondes** au plus pour compléter les blocs de pierre numérotés avec le dessin approprié selon la logique de succession des dessins.

* Réponse

La suite : noir, pointillé, barres verticales, barres horizontales, puis la même de droite à gauche, puis la même de gauche à droite et ainsi de suite. **Donc : un et trois, pointillé ; deux, quatre, cinq, sept, barres verticales ; six, noir ; huit, barres horizontales.**

* *Décompte des points*

Au moins 6 réponses exactes en moins de 45 secondes	2
Au moins 4 réponses en 45 secondes	1
1, 2, 3, 4, 5... 8 en plus de 1 minute	0

B. Observez cette suite logique de dominos pendant **20 secondes** et complétez les dominos manquants en moins de **2 minutes,** en appliquant le principe de la suite.

* Réponse

A gauche, on ajoute toujours un et à droite deux, etc. C'est donc : deux-cinq, quatre-trois et deux-cinq.

* *Décompte des points*

3 réponses exactes en moins de 2 minutes	3
1 ou 2 réponses exactes en moins de 2 minutes	2
3, 2 ou 1 réponse exacte en 2 minutes	1
3, 2 ou 1 réponse exacte en plus de 2 minutes	0

Total de votre ESPRIT DE LOGIQUE (A + B) ....

Faites travailler votre activité verbale

Observez cette grille de lettres pendant **30 secondes** puis complétez les cases vides avec des lettres de manière que tous les mots ainsi formés aient un sens, en moins de **3 minutes.**

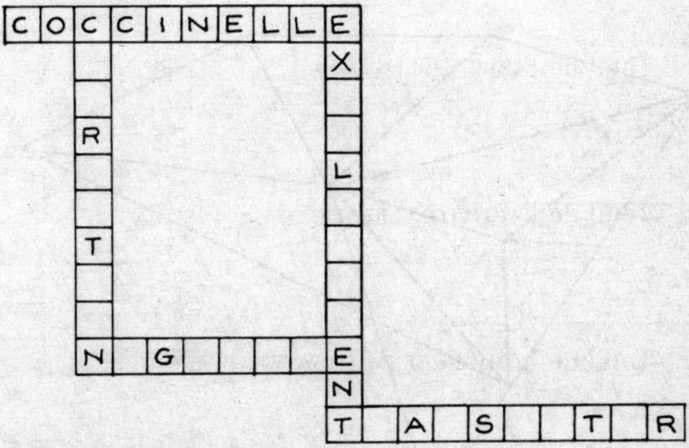

* Réponse

Correction, négative, excellemment, transistor.

* *Décompte des points*

4 réponses exactes en moins de 3 minutes............	5
4 réponses exactes en 3 minutes.....................	3
4 réponses exactes en moins de 5 minutes............	2
4 réponses exactes en plus de 5 minutes	0

Total de votre ACTIVITÉ VERBALE (un seul exercice) ...... ☐

Faites travailler votre mémoire immédiate

Observez cette figure pendant **15 secondes.** Puis fermez le livre et essayez de la retracer en moins de **1 minute.**

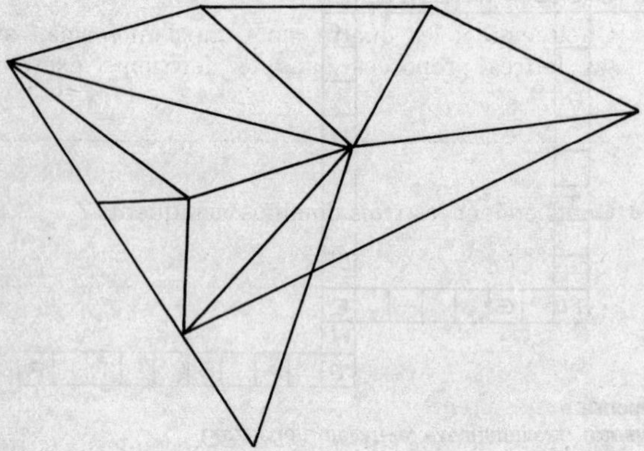

* *Décompte des points*

Réponse exacte en moins de 1 minute................	5
Réponse exacte en 1 minute	3
Réponse exacte en moins de 2 minutes...............	2
Réponse exacte en plus de 2 minutes	0

Total de votre MÉMOIRE IMMÉDIATE (un seul exercice).... ☐

Faites travailler votre mémoire différée

Sans revenir en arrière, en moins de **45 secondes,** essayez de retrouver

- Combien y avait-il de verres ? ....

- Quels étaient les quatre mots que l'on formait avec les lettres proposées dans le deuxième exercice ?

  ....

- Quels étaient les trois dominos manquants ? ....

  ....

* *Décompte des points*

3 réponses exactes en moins de 45 secondes .	10
2 réponses exactes en moins de 45 secondes .	5
1 réponse exacte en moins de 45 secondes. . .	3
3 ou 2 réponses exactes en moins de 1 minute	2
1 ou plusieurs réponses exactes en plus de 1 minute	0

Total de votre MÉMOIRE DIFFÉRÉE
(un seul exercice) . . . . [ ]

Votre première séance est terminée.

Vous pouvez en faire le bilan.

Total de l'ACTIVITÉ PERCEPTIVE .... ☐

Total de l'ESPRIT DE LOGIQUE .... ☐

Total de l'ACTIVITÉ VERBALE................. ☐

Total de la MÉMOIRE IMMÉDIATE .... ☐

Total de la MÉMOIRE DIFFÉRÉE.............. ☐

Faites le total de vos points pour connaître votre note d'efficacité.

Note d'efficacité de la première séance : ..../30

SÉANCE 2

Faites travailler votre activité perceptive

A. Observez cet ensemble de livres pendant **15 secondes** et dites, en moins de **15 secondes**, combien vous en dénombrez.

* Réponse

Il y a vingt et un livres.

* *Décompte des points*

Réponse exacte en moins de 20 secondes............. 2
Réponse exacte en moins de 30 secondes............. 1
Réponse exacte en plus de 30 secondes.............. 0

B. Observez ce plan pendant **15 secondes** et reproduisez-le en dessous, en moins de **15 secondes**, en faisant tourner le nord de la droite vers la gauche de **90 degrés.**

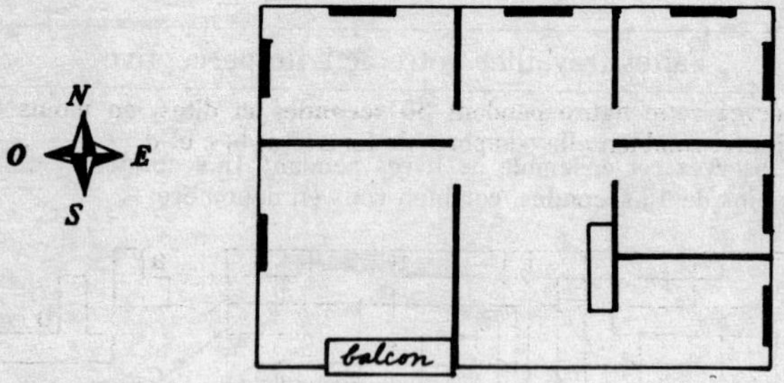

Reproduction après rotation.

* Réponse

Le balcon doit se trouver à droite dans la représentation obtenue.

* *Décompte des points*

Réponse exacte en moins de 15 secondes............. 3
Réponse exacte en moins de 45 secondes............. 2
Réponse exacte en 45 secondes...................... 1
Réponse exacte en plus de 45 secondes.............. 0

Total de votre ACTIVITÉ PERCEPTIVE (A + B) ....

Faites travailler votre activité visuo-spatiale

Observez cette figure pendant **30 secondes** et dites, en moins de **1 minute**, combien elle comporte de formes a, b, c et d.

* Réponse

Il y a huit fois la forme a, deux fois la forme b, cinq fois la forme c, sept fois la forme d.

* *Décompte des points*

Réponse exacte en moins de 1 minute................	5
Réponse exacte en 1 minute	3
Réponse exacte en moins de 2 minutes...............	1
Réponse exacte en plus de 2 minutes	0

Total de votre ACTIVITÉ VISUO-SPATIALE (un seul exercice) ☐

Faites travailler votre activité de structuration

Observez ces mots « tronqués » pendant **30 secondes** et, en moins de **3 minutes**, reconstituez-les.

pé   nia   de   rec
m
emb   am
sur
ueil   é
tu   iff
usca   dit   énageme
érite   nt   on   ch

* Réponse

Les mots complets sont : mérite, recueil, chiffon, embuscade, aménagement, surdité, pétunia.

* *Décompte des points*

Au moins 6 réponses exactes en moins de 2 minutes ..	5
Au moins 6 réponses exactes en moins de 3 minutes ..	3
Au moins 4 réponses exactes en moins de 3 minutes ..	2
3, 4, 5 ou 6 réponses exactes en plus de 3 minutes....	0

Total de votre ACTIVITÉ DE STRUCTURATION (un seul exercice) ....

Faites travailler votre mémoire immédiate

Observez cette grille pendant **15 secondes**, puis fermez le livre et essayez de la reproduire.

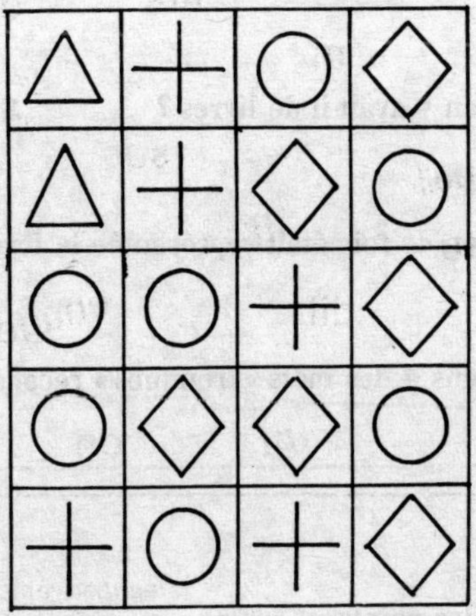

* *Décompte des points*

Réponse exacte en moins de 10 secondes............. 5
Réponse exacte en moins de 15 secondes............. 4
Réponse exacte en 15 secondes....................... 2
Réponse exacte en 45 secondes au plus 1
Réponse exacte en plus de 45 secondes 0

Total de votre MÉMOIRE IMMÉDIATE (un seul exercice).... ☐

Faites travailler votre mémoire différée

Sans revenir en arrière, en moins de **30 secondes**, essayez de retrouver

- Combien y avait-il de livres ? ....

- Combien de fois était représentée la forme c ? ....

- Au moins 4 des mots « tronqués » reconstitués ....

  ....

* *Décompte des points*

3 réponses exactes en moins de 30 secondes .	10
2 réponses exactes en moins de 30 secondes .	5
1 réponse exacte en moins de 30 secondes. . .	3
3 ou 2 réponses exactes en moins de 1 minute	2
1 réponse exacte en plus de 1 minute.	0

Total de votre MÉMOIRE DIFFÉRÉE
(un seul exercice) . . . . ☐

Votre deuxième séance est terminée.

Vous pouvez en faire le bilan.

Total de l'ACTIVITÉ PERCEPTIVE .... ☐

Total de l'ACTIVITÉ VISUO-SPATIALE............ ☐

Total de l'ACTIVITÉ DE STRUCTURATION .... ☐

Total de la MÉMOIRE IMMÉDIATE .... ☐

Total de la MÉMOIRE DIFFÉRÉE.............. ☐

Faites le total de vos points pour connaître votre note d'efficacité.

Note d'efficacité de la deuxième séance : ....**/30**

SÉANCE 3

Faites travailler votre activité visuo-spatiale

Observez ce dessin pendant **15 secondes** et donnez-vous **30 secondes** pour déterminer combien il y a de chaussettes et lesquelles sont les plus nombreuses — les grandes ou les petites ? Lesquelles, et combien, portent les mêmes rayures ?

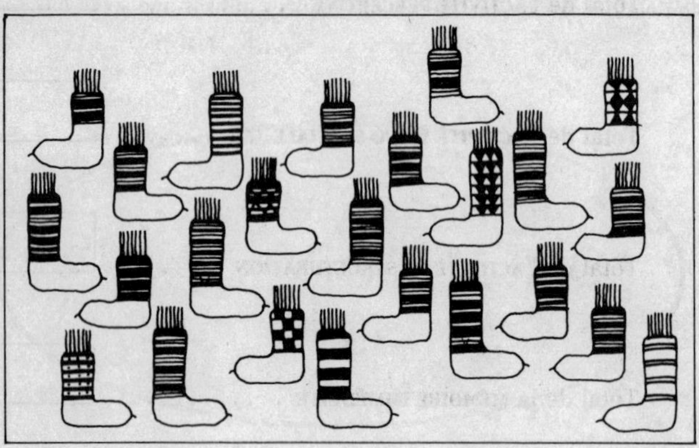

* Réponse

Il y en a vingt-quatre. Les plus nombreuses sont les petites : quatorze ; quatre petites et une grande ont les mêmes rayures sur fond noir, des rayures blanches avec un seul trait noir.

* *Décompte des points*

3 réponses exactes en moins de 30 secondes..........	5
3 réponses exactes en 30 secondes....................	3
3 réponses exactes en moins de 45 secondes..........	1
3 réponses exactes en plus de 45 secondes	0

Total de votre ACTIVITÉ VISUO-SPATIALE (un seul exercice)

Faites travailler votre activité de structuration

A. Observez ces chiffres pendant **15 secondes.**

Donnez-vous **1 minute** pour trouver la somme de ces chiffres et retrouver au moins 5 fois cette somme en combinant, par addition ou multiplication, tous ou certains chiffres utilisés une seule fois.

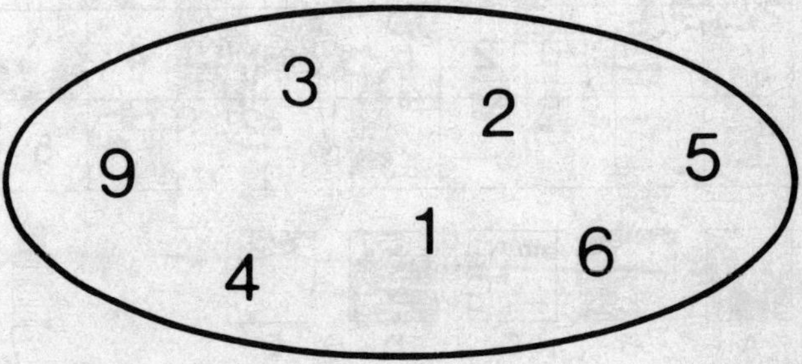

* Réponse

Neuf et un et trois et quatre et deux et six et cinq égal trente ; six multiplié par deux et cinq et trois et neuf et un égal trente ; six multiplié par trois, et cinq et quatre et deux et un égal trente ; etc.

* *Décompte des points*

Au moins 4 réponses exactes en moins de 1 minute ...	3
Au moins 4 réponses exactes en 1 minute	2
Au moins 4 réponses exactes en moins de 2 minutes ..	1
Au moins 4 réponses exactes en plus de 2 minutes	0

B. Observez cette scène pendant **30 secondes** et donnez-vous **45 secondes** pour trouver dans quelles cases, 1, 2, 3, 4 ou 5, viennent se placer les éléments A, B, C, D, E.

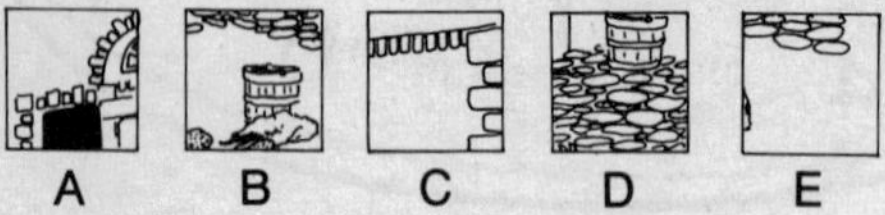

* Réponse

c se place en un, *b* en deux, *a* en trois, *d* en quatre, *e* en cinq.

* *Décompte des points*

Réponse exacte en moins de 30 secondes	2
Réponse exacte en 30 secondes	1
Réponse exacte en plus de 30 secondes	0

Total de votre ACTIVITÉ DE STRUCTURATION (A + B) ....

Faites travailler votre activité verbale

A. Observez ces mots pendant **30 secondes** et donnez-vous **45 secondes** pour trouver trois mots dans lesquels on rencontre trois lettres consécutives identiques, que vous indiquerez.

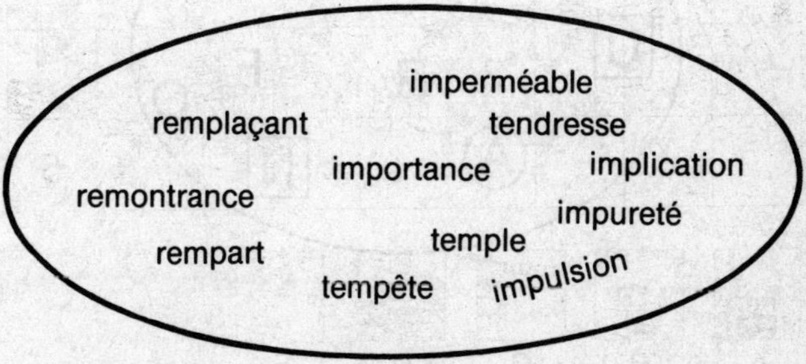

* Réponse

Les trois lettres sont m p l et les mots temple, remplaçant et implication.

* *Décompte des points*

3 réponses exactes en moins de 45 secondes..........	3
3 réponses exactes en 45 secondes..................	2
3 réponses exactes en moins de 1 minute.............	1
3 réponses exactes en plus de 1 minute	0

B. Observez cet ensemble de lettres pendant **15 secondes**. Donnez-vous **30 secondes** pour trouver quel mot est formé avec les lettres non entourées et celles qui sont entourées d'un cercle, et quel mot est formé avec les lettres non entourées et celles qui sont entourées d'un carré.

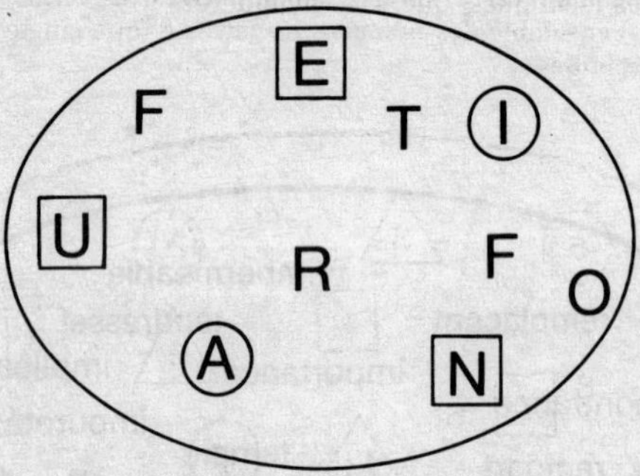

* Réponse

Avec les lettres entourées d'un cercle, on fait forfait, avec celles entourées d'un carré, on fait fortune.

* *Décompte des points*

2 réponses exactes en moins de 30 secondes..........	2
2 réponses exactes en 30 secondes....................	1
2 réponses exactes en plus de 30 secondes	0

Total de votre ACTIVITÉ VERBALE (A + B) .... ☐

Faites travailler votre mémoire immédiate

Observez ces nombres pendant **30 secondes,** puis fermez le livre et essayez de vous souvenir : combien y avait-il de nombres encadrés d'un cercle, d'un carré, d'un triangle ? Vous souvenez-vous de la somme de l'ensemble des nombres encadrés d'un triangle ? Donnez-vous **45 secondes.**

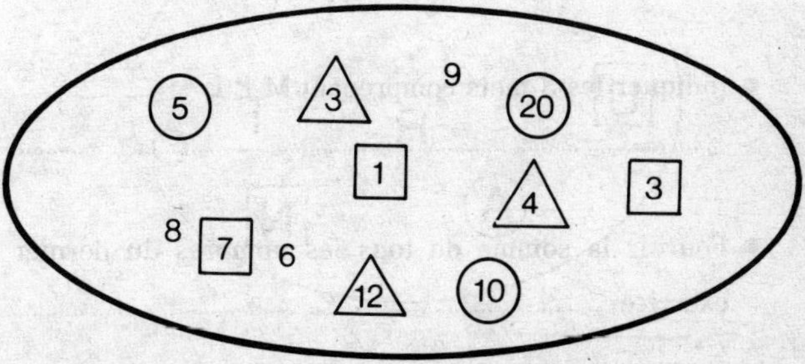

* Réponse

Somme des nombres encadrés d'un triangle : dix-neuf. Chaque nombre encadré l'est trois fois.

* *Décompte des points*

3 réponses exactes en moins de 30 secondes..........	5
3 réponses exactes en 30 secondes....................	4
3 réponses exactes en moins de 45 secondes..........	3
3 réponses exactes en 45 secondes....................	2
3 réponses exactes en moins de 1 minute.............	1
3 réponses exactes en 1 minute	0

Total de votre MÉMOIRE IMMÉDIATE (un seul exercice).... ☐

Faites travailler votre mémoire différée

Sans revenir en arrière, vous avez 30 secondes pour

- Donner le nombre total de chaussettes ....
- Indiquer les 3 mots comprenant M P L ....
  ....
- Fournir la somme de tous les nombres du dernier exercice ....
  ....

* *Décompte des points*

3 réponses exactes en moins de 30 secondes .	10
2 réponses exactes en moins 30 secondes . . .	5
1 réponse exacte en moins de 30 secondes. . .	3
3 ou 2 réponses exactes en moins de 1 minute	2
1 réponse exacte en plus de 1 minute.	0

Total de votre MÉMOIRE DIFFÉRÉE (un seul exercice) . . . . ☐

Votre troisième séance est terminée.

Vous pouvez en faire le bilan.

Total de l'ACTIVITÉ VISUO-SPATIALE............ ☐

Total de l'ACTIVITÉ DE STRUCTURATION .... ☐

Total de l'ACTIVITÉ VERBALE................. ☐

Total de la MÉMOIRE IMMÉDIATE .... ☐

Total de la MÉMOIRE DIFFÉRÉE............... ☐

Faites le total de vos points pour connaître votre note d'efficacité.

Note d'efficacité de la troisième séance : ..../**30**

Faites le graphique de votre progression de la 3e semaine

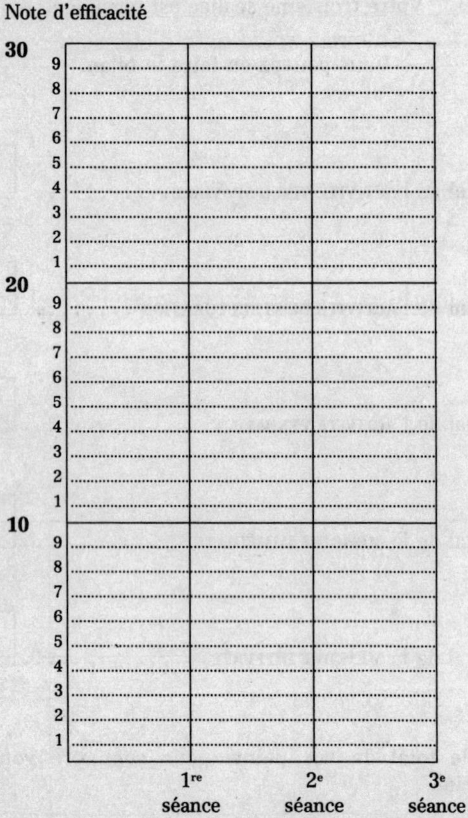

Si vous avez des difficultés, reportez-vous à la page 124.

Calculez votre note d'efficacité

Additionnez les trois notes et divisez le total par trois.

1re séance	2e séance	3e séance	TOTAL	Divisez par trois
	+	+	=	
Note d'efficacité de la semaine				...... /30

QUATRIÈME SEMAINE

SÉANCE 1

Faites travailler votre activité perceptive

A. Observez ces deux vases pendant **20 secondes** et donnez-vous **15 secondes** pour noter les différences qu'ils présentent.

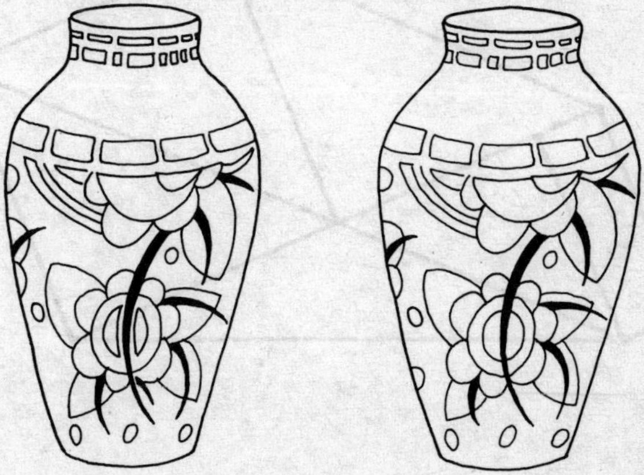

* Réponse

La deuxième ligne de décoration du col du vase est différente. Il manque un pétale à la fleur située en haut du vase à droite. Deuxième fleur : il manque le cœur ; il manque un pistil noir vers le bas et il manque sur le bord gauche du vase une pastille.

* *Décompte des points*

5 réponses exactes en moins de 20 secondes..........	3
3 réponses exactes en moins de 20 secondes..........	2
5, 3 ou 2 réponses exactes en moins de 30 secondes....................................	1
1 ou plusieurs réponses exactes en plus de 30 secondes..	0

B. Observez cette figure géométrique pendant **10 secondes.** Donnez-vous **20 secondes** pour déterminer le nombre de carrés, de rectangles et de triangles qu'elle contient.

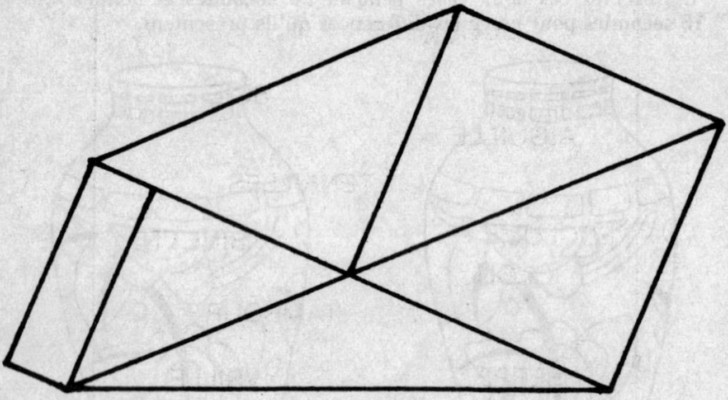

* Réponse

Cette figure contient un carré, un rectangle et sept triangles.

* *Décompte des points*

Réponse exacte en moins de 20 secondes	2
Réponse exacte en moins de 30 secondes	1
Réponse exacte en plus de 30 secondes	0

Total de votre ACTIVITÉ PERCEPTIVE (A + B) .... ☐

Faites travailler votre activité verbale

Regardez pendant **30 secondes** ces mots et donnez-vous **1 minute** pour dire quel est leur point commun, et comment on peut les classer en plusieurs groupes.

CHEVILLE

SCIE

AIGUILLE

TENAILLES

ENCLUME

BINETTE

CLOU

TAMBOUR

SERPE

VRILLE

SOUFFLET

CROCHET

* Réponse

Il s'agit de noms d'outils. Pour le jardinier : **serpe, binette.** *Pour le forgeron :* **tenailles, enclume, soufflet.** *Pour le menuisier :* **vrille, scie, clou, cheville.** *Pour la brodeuse :* **tambour, crochet et aiguille.**

* *Décompte des points*

4 réponses exactes en moins de 1 minute............	5
4 réponses exactes en 1 minute	3
4 réponses exactes en moins de 2 minutes...........	2
4 réponses exactes en plus de 2 minutes	0

Total de votre ACTIVITÉ VERBALE (un seul exercice) ......

Faites travailler votre esprit de logique

A. Observez cette suite de nombres pendant **30 secondes** et donnez-vous **1 minute** pour trouver le nombre qui logiquement manque.

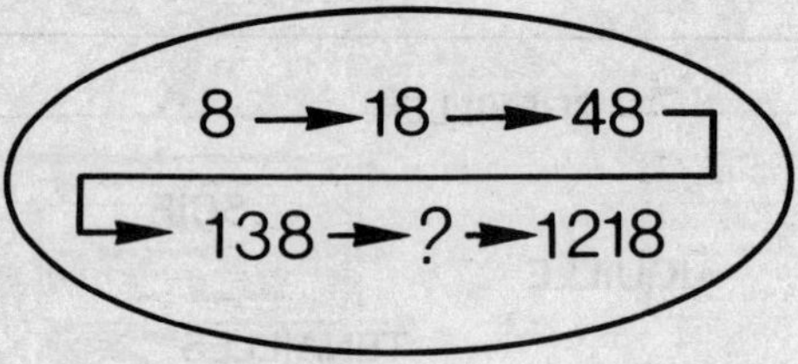

* Réponse

Il manque quatre cent huit. Le nombre précédent est multiplié par trois, et on déduit six. Ainsi : huit multiplié par trois égal vingt-quatre moins six égal dix-huit, dix-huit multiplié par trois égal cinquante-quatre moins six égal quarante-huit, et ainsi de suite.

* *Décompte des points*

Réponse exacte en moins de 1 minute	2
Réponse exacte en 1 minute	1
Réponse exacte en moins de 3 minutes	1
Réponse exacte en plus de 3 minutes	0

B. Regardez ces huit images de la page ci-contre pendant **30 secondes**. Elles sont en désordre. Trouvez en moins de **1 minute** l'ordre logique pour qu'une histoire soit racontée.

* Réponse

La suite logique des images peut être huit, six, deux, trois, cinq, quatre, un, sept.

* *Décompte des points*

Réponse exacte en moins de 30 secondes	3
Réponse exacte en 30 secondes	2
Réponse exacte en moins de 1 minute	1
Réponse exacte en plus de 1 minute	0

Total de votre ESPRIT DE LOGIQUE (A + B) .... ☐

1
Presto! Lé lavé-glace...
Voilà!
2
BANG
AÏE!...
3
Mon Dieu!... Mon Dieu!... Le malheureux!... Dans quel état vais-je le retrouver?!...
4
Bachi-bouzouk!... Ectoplasme!...
Ma qué, c'est vous qui...Basta!... Et pouis, qué vous envoyez des postillonés sour mon paré-brise...
5
Bandit!.. Anthropophage!. Ecraseur!. Espèce de cow-boy de la route!..Rouler à une vitesse pareille!.. Vous voulez sans doute percer le mur du son, oui ?...Bougre de sauvage d'aérolithe de tonnerre de Brest!...
6
TSIIIII
!
7
Ecoutez, Monsieur, pouvez-vous nous rendre un service?..Nous sommes à la poursuite de bandits en auto qui ont enlevé un de nos amis, le professeur Tournesol, qui...
Madonna!... Ouné poursuité dé bandits?... Va bene!... Montez dans la machina...
8
Continuez, je n'en ai que pour un instant.

Faites travailler votre mémoire immédiate

Observez cette grille de nombres pendant **30 secondes**, puis fermez le livre et essayez de vous souvenir du plus de nombres possible.

8	4	6
3	6	4
5	10	8
	20	

* *Décompte des points*

7 réponses exactes en moins de 30 secondes	5
4 à 6 réponses exactes en moins de 45 secondes	3
4 à 6 réponses exactes en moins de 1 minute	2
4 à 7 réponses exactes en plus de 1 minute...........	0

Total de votre MÉMOIRE IMMÉDIATE (un seul exercice).... ☐

Faites travailler votre mémoire différée

Sans revenir en arrière, en moins de **30 secondes**, essayez de retrouver

- Le nombre de triangles dans l'exercice numéro 1 B ...

- Le nombre qui manquait dans la suite logique des nombres ....
....

- Les différents outils et les façons de les classer ....
....
....
....

* *Décompte des points*

3 réponses exactes en moins de 30 secondes .	10
2 réponses exactes en moins de 30 secondes .	5
1 réponse exacte en moins de 30 secondes. . .	3
3 ou 2 réponses exactes en moins de 45 secondes	2
1 ou plusieurs réponses exactes en plus de 45 secondes	0

Total de votre MÉMOIRE DIFFÉRÉE (un seul exercice) . . . . ☐

Votre première séance est terminée.

Vous pouvez en faire le bilan.

Total de l'ACTIVITÉ PERCEPTIVE .... ☐

Total de l'ESPRIT DE LOGIQUE .... ☐

Total de l'ACTIVITÉ VERBALE.................. ☐

Total de la MÉMOIRE IMMÉDIATE .... ☐

Total de la MÉMOIRE DIFFÉRÉE............... ☐

Faites le total de vos points pour connaître votre note d'efficacité.

Note d'efficacité de la première séance : ....**/30**

SÉANCE 2

Faites travailler votre activité perceptive

Observez ces capsules pendant **10 secondes.**

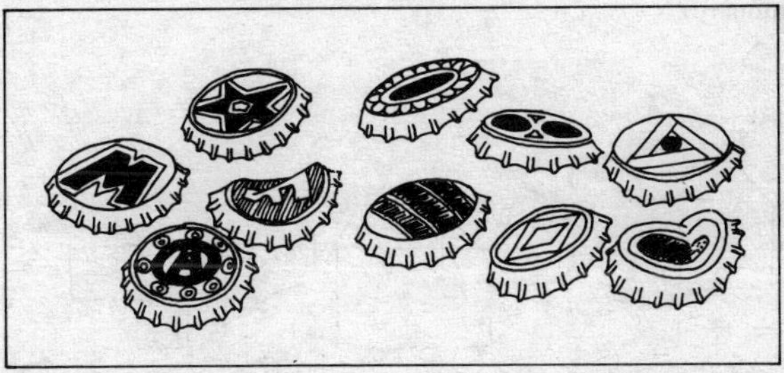

Donnez-vous **15 secondes** pour trouver la capsule qui n'apparaissait pas dans le premier tableau.

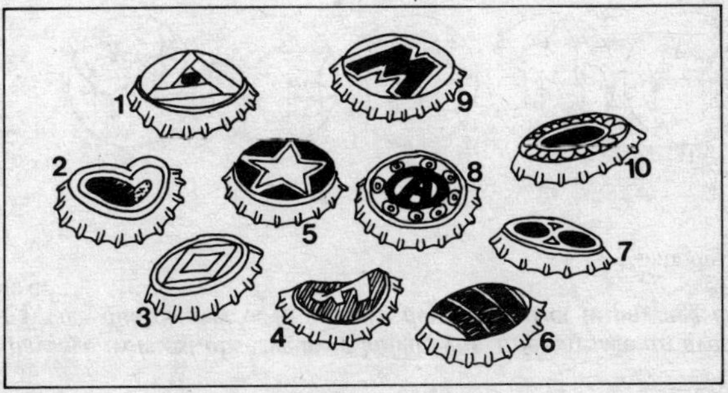

* Réponse *La capsule portant le numéro cinq n'apparaissait pas.*

* *Décompte des points*

Réponse exacte en moins de 15 secondes	5
Réponse exacte en 15 secondes	3
Réponse exacte en moins de 30 secondes	1
Réponse exacte en plus de 30 secondes	0

Total de votre ACTIVITÉ PERCEPTIVE (un seul exercice).... ☐

Faites travailler votre activité visuo-spatiale

Observez ce paysage pendant **20 secondes** et donnez-vous **45 secondes** pour déterminer ce qui est vu à l'aide de chaque longue-vue (indiquez le numéro).

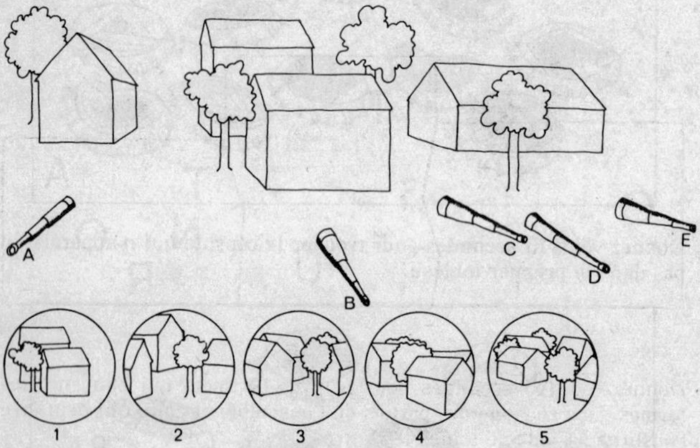

* Réponse

Le paysage trois est observé avec longue-vue a, le paysage un avec b, le paysage quatre avec c, le paysage deux avec d et le paysage cinq avec e.

* *Décompte des points*

5 réponses exactes en moins de 45 secondes	5
5 réponses exactes en 45 secondes	3
3, 4, 5 réponses exactes en 45 secondes	2
3, 4, 5 réponses exactes en moins de 1 minute	1
1 ou plusieurs réponses exactes en plus de 1 minute ..	0

Total de votre ACTIVITÉ VISUO-SPATIALE **(un seul exercice)** ☐

Faites travailler votre activité de structuration

Observez pendant **30 secondes** cet ensemble de lettres.

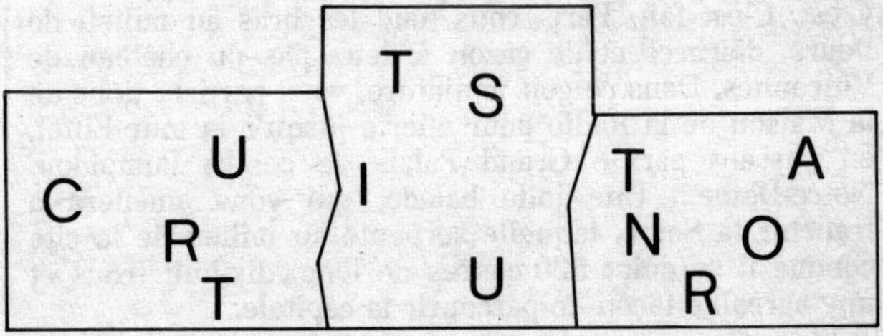

Donnez-vous **45 secondes** pour trouver les mots qui peuvent être formés dans chacune des parties de l'ensemble et celui qui peut être constitué à l'aide de toutes les lettres.

* Réponse

On forme les mots truc, suit, raton ; à partir de toutes les lettres : structuration.

* *Décompte des points*

4 réponses exactes en moins de 45 secondes	5
3 réponses exactes en moins de 45 secondes	4
3, 4 réponses exactes en 1 minute	3
1, 2, 3 réponses exactes en 1 minute..................	1
1 ou plusieurs réponses exactes en plus de 1 minute ..	0

Total de votre ACTIVITÉ DE STRUCTURATION (un seul exercice) ....

Faites travailler votre mémoire immédiate

Lisez attentivement ce texte pendant **3 minutes.**

> « L'idéal serait de construire les villes à la campagne. » Ça y est. C'est fait, Paris vous tend les bras au milieu de fleurs, d'arbres et de gazon à deux pas du château de Vincennes. Dans ce golf miniature, vous partirez donc de la Maison de la Radio pour aller... jusqu'à la tour Eiffel, en passant par le Grand Palais, le centre Pompidou, Notre-Dame... Une jolie balade, qui vous amènera à franchir la Seine, laquelle serpente au milieu de la cité comme il se doit : 520 mètres de long, dix-huit trous et une agréable façon de parcourir la capitale.
>
> *(Texte de M.F., août 1987.)*

Fermez le livre et essayez en moins de **1 minute** de dire quels sont les endroits de Paris où ce golf vous conduira et quelle est la longueur de ce golf.

* *Décompte des points*

Toutes les réponses exactes en moins de 1 minute	5
4, 5 réponses exactes en moins de 1 minute .	4
Toutes les réponses exactes en 2 minutes ...	2
3, 4, 5 réponses exactes en 2 minutes	1
1 ou plusieurs réponses exactes en plus de 2 minutes	0

Total de votre MÉMOIRE IMMÉDIATE (un seul exercice) .... ☐

Faites travailler votre mémoire différée

Sans revenir en arrière, en moins de **30 secondes**, essayez de retrouver

- Quel était le numéro de la capsule unique ? ....

- Quels étaient les mots que l'on pouvait former ? ....
  ....

- Quels étaient les quatre endroits où nous conduisait le golf ? ....
  ....
  ....

* *Décompte des points*

3 réponses exactes en moins de 30 secondes .	10
2 réponses exactes en moins de 30 secondes .	5
1 réponse exacte en moins de 30 secondes. . .	1
3 ou 2 réponses exactes en moins de 1 minute	2
1 ou plusieurs réponses exactes en plus de 1 minute	0

Total de votre MÉMOIRE DIFFÉRÉE (un seul exercice) . . . . ☐

Votre deuxième séance est terminée.

Vous pouvez en faire le bilan.

Total de l'ACTIVITÉ PERCEPTIVE ....

Total de l'ACTIVITÉ VISUO-SPATIALE............

Total de l'ACTIVITÉ DE STRUCTURATION ....

Total de la MÉMOIRE IMMÉDIATE ....

Total de la MÉMOIRE DIFFÉRÉE...............

Faites le total de vos points pour connaître votre note d'efficacité.

Note d'efficacité de la deuxième séance : ..../**30**

SÉANCE 3

Faites travailler votre activité visuo-spatiale

Observez le plan de cet appartement pendant **30 secondes.**

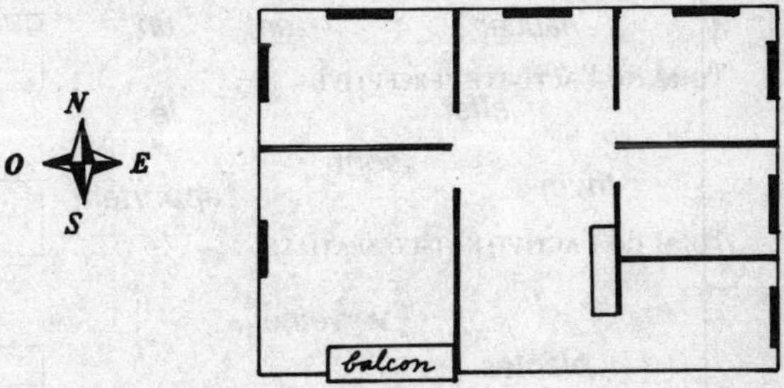

Reproduisez le plan de la façon la plus exacte possible, en moins de **45 secondes,** en sachant que le balcon devra être orienté à l'ouest.

* *Décompte des points*

Réponse exacte en moins de 45 secondes	5
Réponse exacte en 45 secondes.........................	3
Réponse exacte en moins de 1 minute................	1
Réponse exacte en plus de 1 minute	0

Total de votre ACTIVITÉ VISUO-SPATIALE (un seul exercice) ☐

Faites travailler votre activité de structuration

A. Observez cet ensemble de mots pendant **15 secondes.**

relaxant *la*
le *des* *menthe*
laurier *en* *un* *qui*
et
effet *le*
sont
thym *apportent*
verveine *la*
plantes
tisane

Donnez-vous **15 secondes** pour écrire la phrase que ces mots peuvent former.

....

....

....

....

* Réponse

Le laurier, le thym, la verveine et la menthe sont des plantes qui, en tisane, apportent un effet relaxant.

* *Décompte des points*

Réponse exacte en moins de 45 secondes	3
Réponse exacte en 45 secondes	2
Réponse exacte en moins de 1 minute	1
Réponse exacte en plus de 1 minute	0

B. Observez cette assiette pendant **30 secondes**, puis indiquez dans quel ordre on doit recoller les morceaux pour la reconstituer en commençant par le fond, en moins de **2 minutes**.

* Réponse

Il faut recoller les morceaux selon l'ordre suivant : un, trois, six, cinq, deux, neuf, quatre, dix, sept, quinze, huit, onze, quatorze, treize, douze.

* *Décompte des points*

Réponse exacte en moins de 2 minutes	2
Réponse exacte en 2 minutes.........................	1
Réponse exacte en plus de 2 minutes	0

Total de votre **ACTIVITÉ DE STRUCTURATION (A + B)** ....

Faites travailler votre activité verbale

A. Observez pendant **15 secondes** ces couples de lettres : chacun d'eux constitue le début d'un mot. L'ensemble de ces mots peut se mettre... dans un panier d'osier. Donnez-vous **2 minutes** pour réaliser cet exercice.

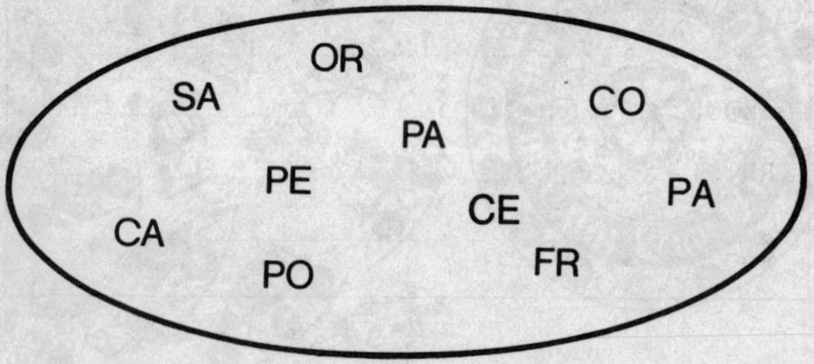

* Réponse

Salade, orange, pêche, pamplemousse, poireau, carotte, céleri, côtelette, pain, fromage, etc.

* *Décompte des points*

10 réponses exactes en moins de 2 minutes	3
7 réponses exactes en moins de 2 minutes	2
4, 5 réponses exactes en 2 minutes	1
1 ou plusieurs réponses exactes en plus de 2 minutes .	0

B. Le mot âne peut vous suggérer plusieurs autres mots et concepts, par exemple : être têtu, la mule du pape, etc.

Donnez-vous **45 secondes** chaque fois pour formuler d'autres concepts (au moins 5) avec :

SAPIN : ....

....

CASQUE : ....

CRIN : ....

....

* Réponse

Sapin : forêt, résine, noël, **bonbons, vacances, montagne, bûcheron,** *etc. ; casque : militaire, moto, écouter, mineur, pompier, musique, coiffeur, etc. ; crin : dormir (oreiller), cheval, rudesse, balai, etc.*

* *Décompte des points*

Les différents concepts en moins de 45 secondes	2
Les différents concepts en 45 secondes	1
Les différents concepts en plus de 45 secondes........	0

Total de votre ACTIVITÉ VERBALE (A + B) .... [ ]

Faites travailler votre mémoire immédiate

Observez ces deux suites de lettres pendant **30 secondes,** fermez le livre et donnez-vous **45 secondes** pour reconstituer les deux mots que forment ces lettres.

E U T C E F A U E F S N M E T

F E N T O R F E

* Réponse

Le premier mot est affectueusement, le deuxième mot est effronté.

* *Décompte des points*

2 réponses exactes en moins de 45 secondes..........	5
2 réponses exactes en 45 secondes....................	4
2 réponses exactes en moins de 1 minute.............	3
2 réponses exactes en 1 minute	2
1 des réponses exactes en moins de 1 minute	1
1 des réponses exactes en 1 minute..................	0

Total de votre MÉMOIRE IMMÉDIATE (un seul exercice).... ☐

Faites travailler votre mémoire différée

Sans revenir en arrière, en moins de **30 secondes,**

- Donnez le nombre de morceaux nécessaires pour recoller l'assiette ....

- Citez au moins 8 mots de l'exercice d'activité verbale ....
....
....

- Indiquez quels étaient les deux mots à reconstituer ..
....

* *Décompte des points*

3 réponses exactes en moins de 30 secondes .	10
2 réponses exactes en moins de 30 secondes .	5
3 ou 2 réponses exactes en moins de 1 minute	2
1 ou plusieurs réponses exactes en plus de 1 minute	0

Total de votre MÉMOIRE DIFFÉRÉE (un seul exercice) .... ☐

Votre troisième séance est terminée.

Vous pouvez en faire le bilan.

Total de l'ACTIVITÉ VISUO-SPATIALE............ ☐

Total de l'ACTIVITÉ DE STRUCTURATION .... ☐

Total de l'ACTIVITÉ VERBALE................ ☐

Total de la MÉMOIRE IMMÉDIATE .... ☐

Total de la MÉMOIRE DIFFÉRÉE............... ☐

Faites le total de vos points pour connaître votre note d'efficacité.

Note d'efficacité de la troisième séance : .... **/30**

Faites le graphique de votre progression de la 4e semaine

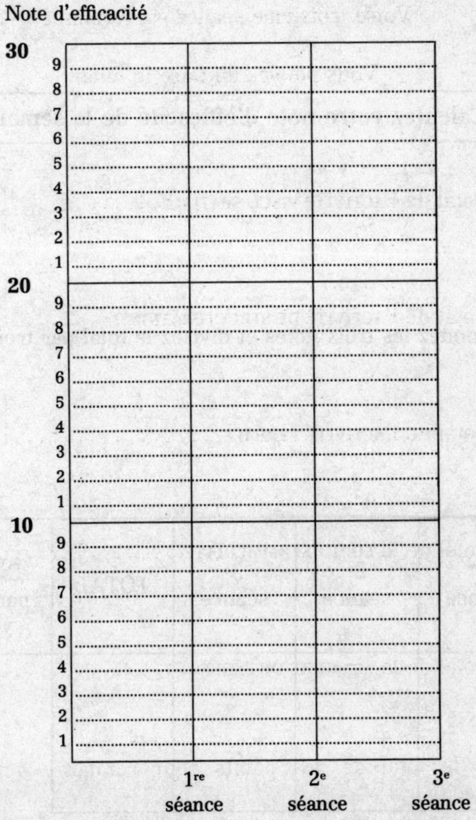

Si vous avez des difficultés, reportez-vous à la page 124.

Calculez votre note d'efficacité de la semaine

Additionnez les trois notes et divisez le total par trois.

1re séance	2e séance	3e séance	TOTAL	Divisez par trois
	+	+	=	
Note d'efficacité de la semaine				...... /30

Faites le graphique de votre progression dans le mois

Note d'efficacité

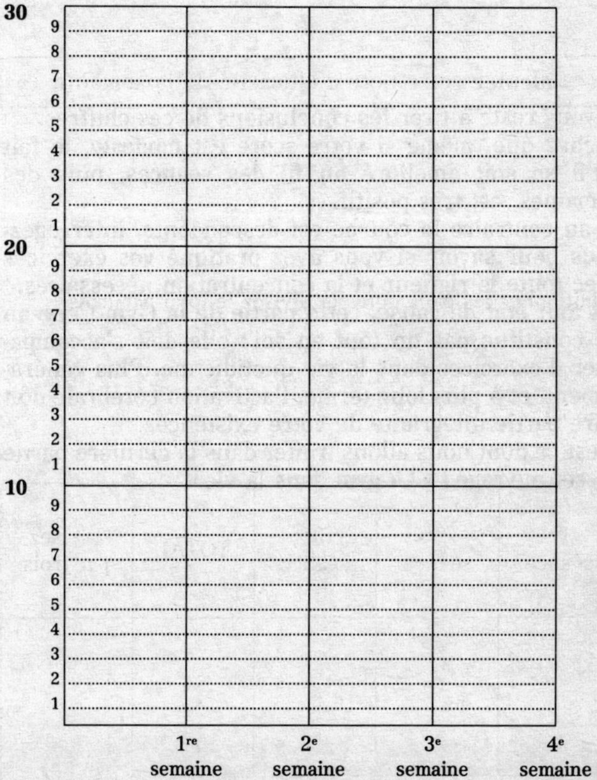

Indiquez votre note moyenne de chaque semaine (reportez-vous à la note obtenue p. 125, 153, 181 et 208) et tracez votre profil de progression en joignant les 4 différents points.

Il vous reste à tirer les conclusions de ces chiffres.
Sachez que, même si votre score est modeste, le fait qu'il se soit amélioré au fil des séances, puis des semaines, est très positif.
Si au contraire la courbe est descendante, interrogez-vous pour savoir si vous avez pratiqué vos exercices avec toute la rigueur et la concentration nécessaires.
En tout état de cause, cette partie de la Gym Cerveau ne constitue pas un tout en soi : elle doit s'accompagner d'exercices dans la vie quotidienne. Plus généralement, et à plus long terme, l'activation cérébrale doit faire partie intégrante de votre existence.
C'est ce dont nous allons traiter dans la dernière partie de cet ouvrage : « La gym dans la vie ».

La gym dans la vie

Améliorer son efficacité pour relever le défi continuel que nous lance la vie moderne.

Acquérir un esprit délié, une « tête bien faite », qui nous permettront de surmonter les mille tracas du quotidien.

Ne plus dépendre des AUTRES, aussi bien dans sa vie familiale que sociale, mais au contraire s'assumer pleinement comme un individu à part entière.

Se prémunir enfin contre les possibles épreuves que peut nous imposer l'existence...

Tous ces objectifs que se fixe la Gym Cerveau ne peuvent être atteints, je l'ai dit, par la seule pratique des exercices : ceux-ci sont nécessaires, indispensables même, mais ne sont pas suffisants.

Vous devez aussi « vivre » votre Gym Cerveau, à la fois en pratiquant une activation personnelle — qui vous ouvrira l'indispensable contact avec les autres — et en adoptant une certaine philosophie. Mais tout cela demande aussi que vous sachiez réunir, par une hygiène de vie bien précise, tous les atouts nécessaires.

Cette ultime partie de l'ouvrage sera donc consacrée d'une part à l'ACTIVATION AU JOUR LE JOUR, d'autre part à l'HYGIÈNE DE VIE qui doit l'accompagner.

L'activation au jour le jour

Trajet de votre travail à votre domicile, occupations ménagères, courses diverses..., à tout moment de la journée, vous pouvez pratiquer des exercices d'activation que vous concevrez et réaliserez vous-même, au gré des circonstances et de votre imagination.

Combinez-les, en vous appliquant plus particulièrement à travailler les activités où il vous semble que vous êtes le plus faible.

Ces activités, où interviennent à des degrés divers la mémoire immédiate et la mémoire différée, prolongent celles que vous avez pratiquées dans les exercices précédents.

ACTIVITÉ PERCEPTIVE

Il s'agit de « gymnastiquer » vos cinq sens de façon qu'ils fonctionnent de façon précise et rapide.

Chaque jour, choisissez d'observer un objet (par exemple une affiche) ou une personne, prise au hasard. Dessinez-les aussitôt (mémoire immédiate). A la fin de la semaine, reconstituez les sept objets ou personnes que vous aviez choisis (mémoire à long terme).

Au téléphone, entraînez-vous à reconnaître instantanément votre correspondant avant qu'il ait décliné son identité. Le soir, établissez votre score (réussites et échecs) et profitez-en pour mémoriser le nom de personnes avec qui vous avez été en contact téléphonique et leur numéro d'appel. A la fin de la semaine, bilan des « oubliés » et « conservés ». Par la suite, comparaison des divers bilans et graphiques de progression.

Notez les caractéristiques vestimentaires (forme, couleur) des gens que vous fréquentez, ainsi que les moments où ceux-ci modifient leur mise. Le soir, mémorisation, ainsi qu'à la fin de la semaine, et bilans.

Dans votre restaurant habituel, avant d'ouvrir la carte, efforcez-vous de reconstituer la liste des plats proposés. Vous pouvez « affûter » l'exercice en portant votre attention sur les prix. Le soir, exercices de rappel, puis bilans.

Pendant vos trajets, estimez le nombre d'hommes et de femmes (tête nue ou couverte, par exemple) qui montent ou descendent de votre wagon. Mémorisez les couleurs (habits, cheveux, par exemple). Bilans journaliers et hebdomadaires.

Entraînez-vous aussi à identifier les diverses personnes que vous fréquentez à votre travail (ou vos voisins) par le timbre de leur voix. Vous constaterez que de rapides progrès peuvent être enregistrés. Le soir, dressez la liste des hommes, des femmes ou des enfants entendus, en indiquant les caractéristiques de leur voix.

D'une façon plus générale, sachez identifier les diverses sources sonores qui constituent notre environnement habituel. Vous pourrez vous apercevoir que, si vous vivez dans ce qui vous paraît être un brouhaha confus et anonyme, vous êtes capables de discerner assez rapidement des sons très spécifiques.

Gymnastiquez aussi votre toucher (reconnaissance des objets les yeux fermés) et votre odorat.

Elle vise à vous faire savoir apprécier, justement et vite, les distances, les surfaces, les volumes et, plus généralement, les proportions des choses et leur distribution dans l'espace.

Lorsque vous pénétrez dans une pièce où se trouve un certain nombre de personnes, essayez de déterminer très rapidement celles qui se trouvent à votre gauche et celles qui sont à votre droite, ainsi que la répartition gauche-droite des meubles, des objets. Vous constaterez quelquefois que vous n'êtes pas parfaitement latéralisé, et pourrez alors corriger ce défaut.

Au moment de prendre une photo, avant de faire le point, efforcez-vous d'évaluer la distance à l'objectif des êtres ou des choses que vous voulez fixer sur votre pellicule, puis comparez les chiffres aux données fournies par votre appareil.

Plus généralement, à tout moment de la journée, tâchez de déterminer à quelle distance vous vous trouvez des maisons, des voitures, des personnes, etc.

Observez des objets — par exemple des crayons — et essayez de les classer en fonction de leur longueur ou de leur grosseur.

Lorsque vous vous êtes rendu quelque part, de retour chez vous, prenez une feuille de papier et efforcez-vous de faire un plan de l'endroit où vous vous trouviez — recommencez l'opération le lendemain et les jours suivants.

De mémoire, faites le plan de votre lieu de travail et, plus précisément, de la pièce dans laquelle vous exercez votre métier. Vous pouvez aller plus loin en vous attachant à reconstituer votre bureau, avec tout ce qui s'y trouve. Bien que ces éléments fassent partie de votre vie quotidienne, qu'ils vous soient habituels, vous aurez sans doute la surprise de constater que vous aurez oublié bien des choses.

Car la grande ennemie de l'acuité cérébrale est l'habitude : elle endort nos sens...

ACTIVITÉ DE STRUCTURATION

Structurer, c'est construire un tout logique à partir d'éléments disparates. Il s'agit donc d'un art de la synthèse, mais qui exige l'observation très poussée — analytique — des composants.

Prenez une phrase dans un journal : elle forme un ensemble logique. A l'aide des mêmes mots, essayez d'en constituer une autre.

Achetez-vous un puzzle et entraînez-vous à le réussir le plus rapidement possible. Ou bien, encore, prenez une feuille sur laquelle figure un texte quelconque, découpez-la au hasard à l'aide de ciseaux, éparpillez les morceaux sur une table et efforcez-vous de reconstituer le texte en utilisant comme guide à la fois l'imbrication possible des formes géométriques et le sens du texte.

Faites appel aux innombrables jeux (genre jeux chinois) où il s'agit de constituer un volume précis à l'aide de divers composants.

Vous pouvez aussi vous intéresser aux mathématiques, qui font largement appel à la structuration, surtout en arithmétique : le calcul mental est donc à conseiller. N'hésitez pas à le pratiquer lors de vos achats — il offrira en outre l'avantage de vous faire faire, peut-être, quelques économies...

ACTIVITÉ DE LOGIQUE

La logique, c'est le « fil rouge », la cohérence qui lie les choses. C'est donc l'art du raisonnement et de la déduction. On est assez proche de la structuration, avec cette différence qu'il ne s'agit pas tant de réunir les éléments constitutifs d'un tout que de trouver un cheminement — tel le Petit Poucet récupérant ses cailloux.

Les activités logiques impliquent une stratégie et débouchent sur une relation sociale.

La stratégie est l'utilisation d'une suite d'actions coordonnées pour parvenir à un but précis. Prenons l'exemple des courses que vous avez à faire : n'utilisez pas de liste, mais, si vous savez que vous risquez d'oublier quelque chose, inventez un système qui y suppléera.

Par exemple, faites appel à la mnémotechnie : les premières lettres des produits à acheter forment un mot soit complet, soit qui se complétera quand on y ajoutera telle ou telle voyelle ou consonne. Ou, encore, vous avez trois courses par magasin, vous devrez donc trouver lesquelles. Ou enfin, vous classez en « cru » et « cuit », etc. C'est à vous d'inventer ces « pense-bêtes » qui, contrairement à ce que leur nom pourrait faire croire, constituent un bon exercice d'efficacité cérébrale.

Les jeux — tous les jeux — font appel aux activités logiques.

Je recommande d'y participer, qu'il s'agisse des cartes : belote, bridge, des échecs, des dames, des mots croisés, du go, et j'en passe.

Encore faut-il savoir éviter l'HABITUDE, dont nous savons qu'elle est la grande ennemie de l'acuité cérébrale.

Jouer, c'est bien, mais jouer toujours à la même

chose, c'est faire intervenir la ROUTINE, qui est le contraire même de l'activation.

Or il se trouve que les joueurs d'échecs ont tendance à ne pratiquer... que les échecs, les adeptes du jeu des chiffres et des lettres font de même. Ce sont toujours les mêmes circuits cérébraux qui fonctionnent, les mêmes zones neuronales et tout le reste dort, avec le risque de ne jamais se réveiller.

Que faire ?

S'intéresser aux activités *que l'on ne connaît pas.*

Trouver de nouveaux partenaires pour pratiquer de nouveaux jeux.

Cela implique de sortir de sa coquille, d'aller voir ce qui se passe ailleurs que dans sa petite sphère, de prendre contact avec les autres et de tisser de nouvelles relations sociales.

ACTIVITÉ VERBALE

Elle a pour but de vous entraîner au maniement du « mot » (écrit ou parlé) comme définition exacte du concret ou de l'abstrait.

A ce titre, elle fait largement appel à la mémoire immédiate ou différée.

Dès le matin, prêtez attention au bulletin d'informations diffusé par la radio. Au cours de la journée, essayez de porter sur un carnet les principaux faits saillants de ce bulletin qui vous sont restés en mémoire. Même opération le soir, puis bilan, etc.

Dans la journée, lorsque vous lisez un journal, pensez à mémoriser, en vue de l'exercice que vous aurez à accomplir après votre retour du travail.

Lorsque vous rencontrez une personne, tâchez de trouver rapidement un ou plusieurs anagrammes de son nom. Quand vous voyez un mot, n'importe lequel, trouvez rapidement la dizaine d'autres qui commencent par ses deux premières lettres, voire les trois premières.

Face à une situation quelconque de la vie quotidienne, efforcez-vous de trouver les termes qui conviennent pour la définir — noms, adjectifs, expressions.

Lorsque vous lisez un livre (ou une bande dessinée) imaginez, à la fin de chaque chapitre, que vous devez le résumer le plus brièvement possible oralement ou par écrit à quelqu'un qui ne le connaît pas. A la fin de l'ouvrage, faites-le pour l'ensemble. C'est un très bon exercice à la fois de structuration, d'activité verbale et de mémorisation. Dressez aussi la liste des personnages en indiquant la personnalité de chacun et son rôle dans l'action.

Pour vaincre la monotonie, la routine, génératrices de somnolence, d'abandon et, à terme, d'hypo-efficience cérébrale, il ne suffit pas de « faire des gammes ».

Vous devez aussi vous impliquer, organiser votre vie de manière à vous ouvrir aux AUTRES par le dialogue, l'échange, la confrontation.

Le social est le complément obligé de l'individuel.

Imaginons la journée type d'une femme au foyer de cinquante à soixante ans, soucieuse de rester active et autonome.

Le matin, sa toilette ne doit pas être vécue comme une activité monotone, une sorte de corvée. Elle doit au contraire s'intéresser à son apparence physique, se maquiller, s'employer à donner d'elle la plus belle image. D'abord parce que cela demande, en soi, un excellent effort de concentration, ensuite parce que c'est déjà une ouverture au monde extérieur, une façon de sortir de sa coquille.

Ensuite, elle fait ses courses. Pas de liste, nous le

savons, mais un effort de mémorisation. Tant pis si, ayant oublié quelque chose, elle est contrainte de sortir de nouveau : gageons que la prochaine fois elle redoublera de vigilance et sollicitera mieux sa mémoire !

Pendant ces courses, des stratégies pourront être élaborées. Elle pourra établir le meilleur chemin à suivre, tel qu'il lui évitera de revenir en arrière, ou, encore, de traverser tel ou tel carrefour dangereux.

Pas de monostratégie : on se doit de changer de trajet le plus souvent possible, en notant l'heure de départ et d'arrivée pour comparer les itinéraires.

Au retour, si elle est seule, qu'elle relate ce qu'elle a vu de particulier — tenir un journal est une excellente chose. Si elle vit avec quelqu'un qu'elle fasse un récit précis et circonstancié des êtres et des choses.

Vient la période cruciale de l'après-midi.

Éviter de regarder passivement la télé. Si elle sélectionne un programme qui l'intéresse, elle pourra ensuite faire un résumé des séquences qu'elle a vues ou s'entraîner à les raconter, en peu de mots et avec précision, à une tierce personne.

L'idéal est qu'elle sorte de chez elle et se mêle à la vie de ses contemporains.

Des structures existent : par exemple les clubs de troisième âge. Si beaucoup sont excellents, d'autres sont critiquables : les personnes y sont traitées comme des enfants. En outre, on ne rencontre dans ces lieux, par définition, que des gens de la même génération, ayant à faire face aux mêmes problèmes, c'est-à-dire que l'on retombe dans la monotonie.

L'idéal est le brassage.

Je conseille les associations ou les lieux de rencontre où se retrouvent des personnes de sept à soixante-dix-sept ans, (ce serait l'idéal !) liées par un intérêt commun, qu'il s'agisse de la photo, de l'archéologie ou d'activités artistiques. On constate très vite que les barrières de l'âge sont très aisément franchies...

J'engagerais donc cette personne à se procurer, auprès de sa mairie, la liste de toutes les associations socioculturelles de son quartier ou de sa ville (elle constatera alors avec surprise qu'elles sont beaucoup plus nombreuses, beaucoup plus variées qu'elle ne l'imaginait).

Ensuite, il faudra qu'elle se décide à en choisir une ou deux (voire à faire des essais qui, s'ils ne sont pas positifs, n'en constitueront pas moins d'utiles expériences).

Je lui propose de pratiquer des activités qu'elle ignorait totalement auparavant, pour lesquelles elle ne se sentait pas douée, mais qui l'attiraient un peu.

Qu'elle ne se dise jamais : « Je n'en suis pas capable. » C'est une phrase à proscrire absolument ! Si elle se donne un peu de mal, si elle s'obstine, elle constatera très vite qu'elle est au contraire très capable d'appréhender de nouveaux modes, de nouveaux mondes.

Sortir de sa coquille, c'est aussi voyager (on offre maintenant, à bas prix, d'excellents séjours ou excursions).

Si cette personne préfère la compagnie d'amis plutôt que celle d'un groupe, ensemble ils pourront mettre au point un programme de sortie : expositions, cinémas, conférences, etc.

Vient le soir.

Après une journée aussi bien remplie, gageons que son sommeil sera de bonne qualité et elle repartira le lendemain, sur un bon pied, pour une vie riche de convivialité.

[illegible] se produire,
[illegible]

[illegible] moment.

Ensuite, il faut qu'elle se passe à un moment où [illegible] ou deux après [illegible] des cas qui [illegible] ne sont pas précis. Il en [illegible] pas moins d'autres [illegible] trouvés.

Il lui [illegible] les activités [illegible] pour [illegible] l'attention [illegible].

On [illegible] qu'elle [illegible]. C'est une [illegible] absolument. S'elle se [illegible] de mal, s'elle [illegible], où elle est au contraire, très [illegible] d'appré[illegible] de nouveaux [illegible], de nouveaux modèles. [illegible] de la [illegible] elle [illegible] aussi [illegible] (on offre [illegible] pas [illegible] soirs ou [illegible]).

[illegible] à l'autre il faut plutôt que celle d'un [illegible] possible [illegible] au [illegible] : expositions, cinémas, conférences, etc.

Voilà, je sais.

Après une journée ainsi [illegible], [illegible] que [illegible] qu'elle [illegible] rapporter [illegible] son [illegible] pour une [illegible] de [illegible].

Votre hygiène de vie

Vous pouvez toujours entraîner un coureur à réussir le cent mètres en moins de dix secondes : si vous ne le nourrissez pas convenablement, s'il s'habitue à boire chaque jour une certaine dose d'alcool ou s'il se présente au stade fatigué — intellectuellement ou physiquement —, il ne parviendra jamais à réaliser les performances désirées, fût-il le plus doué des athlètes !

De même, si vous voulez mener votre activité cérébrale dans les meilleures conditions, vous devez vous efforcer de mettre tous les atouts de votre côté en fournissant à votre cerveau des substances indispensables à sa nutrition : ce sont ses AMIS.

Il vous faut aussi le protéger de tous les poisons qui risquent de perturber son fonctionnement : ce sont ses ENNEMIS.

Vous devez aussi apprendre à vaincre la fatigue, en augmentant votre vigilance, en favorisant votre mémorisation, enfin en jouissant d'un bon sommeil.

Avant de traiter des AMIS et des ENNEMIS, qui ont un rapport direct avec notre alimentation, il apparaît utile de dire quelques mots sur la diététique, plus particulièrement celle des personnes qui ont dépassé cinquante, cinquante-cinq ans.

Il faut savoir qu'au cours du vieillissement le fonctionnement de l'estomac et de l'intestin s'altère. L'acidité gastrique est moindre, la surface de l'intestin diminue ainsi que notre résorption des composants alimentaires ; l'activité des sucs digestifs décroît. Conséquence logique : l'apport en calories est moindre. Or, comme l'activité physique et intellectuelle de la personne n'a pas, elle, obligatoirement diminué — en tout cas, dans de telles proportions — il se produit donc un manque qu'on appelle une CARENCE.

Pour la compenser, les personnes de cet âge devraient, pour exercer une activité physique et intellectuelle valables, manger théoriquement entre 20 et 25 pour cent de plus.

Ce n'est généralement pas le cas, si bien que nous observons parfois des phénomènes d'amaigrissement qui démontrent qu'on a fait appel aux réserves de l'organisme, ce qui n'est pas bon. D'autre part, l'apport insuffisant de certains éléments peut entraîner des troubles. C'est le cas du phosphore et du calcium, indispensables à l'ossification : leur carence entraîne souvent les trop nombreuses fractures, en particulier celle du col du fémur.

A cela s'ajoute l'altération de la denture, d'où une mauvaise mastication des aliments et, donc, leur mauvaise digestion. Cette altération conduit aussi à trop cuire les aliments, afin qu'ils soient très tendres. Malheureusement, s'il est vrai que des haricots frais cuits pendant trois quarts d'heure sont plus faciles à mâcher, ils ont perdu après cette rude épreuve leurs vitamines ! Il est donc conseillé de prendre grand soin de sa denture et, si l'on porte un appareil, de veiller à ce qu'il soit bien adapté.

Notons aussi qu'au fil du temps le goût se modifie.

En vieillissant, nous apprécions de plus en plus les pâtisseries, les bonbons, les boissons très sucrées. Le sucre, pris en trop grande quantité, provoque un certain nombre de troubles, dont le diabète gras. Il convient donc de savoir résister à la tentation.

Enfin, plus les personnes sont âgées, plus leur nourriture devient monotone. A la fois pour des raisons pratiques (difficulté de s'approvisionner à l'extérieur ou problèmes budgétaires) et des raisons psychologiques (fatigue, routine), elles en viennent à toujours consommer les mêmes aliments. Une bonne diététique implique au contraire une très grande variété, afin de pouvoir faire intervenir les éléments indispensables pour éviter les carences. A ce titre, les régimes « uniques » (par exemple fondés presque exclusivement sur les laitages ou certains fruits) peuvent se révéler dangereux pour votre organisme. Il n'existe en effet aucun aliment idéal nous fournissant tous les apports nécessaires. Pour notre chance, nous vivons dans une civilisation qui a inventé la succession indispensable : hors-d'œuvre, plat de résistance, fromage et dessert (auquel je préférerai les fruits). Profitons-en... et méfions-nous des cures miracle qui peuvent causer de gros ravages dans notre organisme. Avant de vous lancer dans ce genre d'exercices, consultez d'abord, par prudence, votre médecin...

Passons à présent aux AMIS et ENNEMIS du bon fonctionnement cérébral et de la neuroplasticité.

Pour son fonctionnement habituel, en dehors de tout exercice de mobilisation neuronale, le cerveau a besoin d'énergie.

Elle est fournie essentiellement par le glucose (il utilise aussi l'oxygène, qui a pour fonction de permettre le métabolisme, un peu comme l'air qui, dans un moteur, sert à brûler l'essence).

Le glucose provient des aliments riches en sucre. Comme il n'en faut pas en quantité trop importante dans le sang, on a donc intérêt à utiliser les sucres lents plutôt que les sucres rapides. Les sucres lents (fournis par exemple par l'amidon, les féculents) à petite vitesse libèrent le glucose dans le sang, et fournissent au cerveau une énergie stable et continue.

Les sucres rapides (comme le saccharose, le sucre blanc raffiné du commerce) passent très rapidement dans le sang et sont très vite métabolisés. Ils apportent au cerveau un coup de fouet telle l'essence des voitures de course, à fort indice d'octane. Ainsi voit-on certains sportifs, juste avant un match où ils auront à fournir un effort violent et rapide, en consommer une certaine quantité. Ils augmentent leur glycémie... quitte à subir un coup de pompe dès le match terminé.

Car notre organisme déteste ces apports brutaux et, quand le taux de glycémie monte brusquement (c'est l'hyperglycémie), il réagit en sécrétant une substance, l'insuline, qui tout aussi brutalement abaisse ce taux : on peut alors facilement se trouver en hypoglycémie.

On a un exemple d'hypoglycémie dans la vie quotidienne : certaines personnes, pour leur petit déjeuner, prennent une tasse de café très sucré, sans accompagnement alimentaire substantiel. Puis elles se rendent à leur travail. Vers 11 heures, le sucre rapide a été métabolisé et le café, ayant excité l'ensemble de l'organisme, y compris le cerveau, précipite l'abaissement du taux de glycémie. Celui-ci est brutal : certaines personnes sont alors prises de malaise. Dans les hôpitaux ce phénomène est bien connu, et le coup de barre de 11 heures apporte, chaque jour, son lot de gens atteints, à qui il suffit de fournir un peu de sucre pour rétablir leur taux normal de glycémie.

Les Nordiques et les Anglo-Saxons ont la sagesse de consommer des petits déjeuners substantiels et d'utiliser souvent des sucres lents (comme le sucre roux qui, moins raffiné, contient des impuretés et donc se libère moins vite).

Le glucose étant métabolisé grâce à l'apport d'oxygène, nous devons aussi veiller à ce qu'il soit fourni dans de bonnes conditions.

Cet apport se fait par la voie des vaisseaux sanguins. Mais c'est au niveau des poumons qu'il passe dans le sang : les poumons sont des membranes où se produit l'échange d'oxygène entre l'air et le sang. Nous devons donc veiller à ce que nos capacités respiratoires soient en bon état, afin que le bol d'oxygène que nous absorbons soit suffisant. En outre, plus la membrane pulmonaire sera étendue et en bon état, mieux se fera l'échange air-sang.

Les personnes qui ne pratiquent aucun sport diminuent leur capacité thoracique et, donc, leur apport respiratoire. Les fumeurs, eux, non seulement diminuent les facteurs de bon échange pulmonaire — le tabac abîme la membrane —, mais peut aussi perturber la vascularisation : le sang arrive mal au cerveau et aux neurones, qui risquent alors de présenter des lésions.

La mobilisation cérébrale provoque un surcroît de besoin d'énergie. Il faut donc lui procurer les matériaux habituels mais en plus grande quantité, car les risques de carences sont plus grands — on passe de la deux-chevaux à la voiture de course.

Pour que les neuromédiateurs soient bien synthétisés puis libérés au niveau des synapses[1], un apport en calcium est nécessaire. De plus, il est indispensable qu'interviennent les éléments précurseurs, telle la choline que l'on trouve sous une forme dérivée dans la lécithine des œufs et du soja.

Nous avons aussi besoin d'enzymes.

Ce sont des substances qui permettent au corps

1. J'ai choisi de ne plus rappeler, chaque fois, la définition de tous ces termes, afin que vous puissiez entraîner votre mémoire. Si celle-ci vous fait défaut, reportez-vous au chapitre consacré à la mécanique cérébrale, en évitant bien entendu de le faire trop souvent...

humain d'effectuer des réactions chimiques très rapides nécessaires à son fonctionnement. Si on se passait d'enzymes, la température de notre corps, pour réaliser ces mêmes réactions, devrait passer de 37 degrés à 200 ou 300 ! Nous possédons tous des enzymes dans notre organisme, mais eux-mêmes, pour être efficaces, ont besoin de coenzymes parmi lesquels se trouvent des métaux : le zinc, le cuivre, le sélénium, le cobalt, qu'on appelle aussi *oligo-éléments*. Il ne nous en faut que de faibles quantités et on les trouve dans les fruits secs, les légumes frais ou secs, etc.

D'où l'intérêt, là encore, de varier notre alimentation, de consommer un peu de tout pour enrichir nos stocks corporels et éviter les carences.

Mais la synapse a aussi des ENNEMIS.

Alors que, nous l'avons dit, le calcium favorise la libération des neuromédiateurs, l'aluminium, les métaux lourds, eux, bloquent le système. On en trouve dans certaines eaux courantes et dans certains médicaments. Le bismuth, qu'on utilisait autrefois comme pansement gastrique allait jusqu'à provoquer des encéphalopathies. Il faut donc mettre en garde les personnes qui utilisent encore régulièrement ce produit contre ses effets nocifs à forte dose.

Le tabac est lui aussi un ennemi — non seulement de la synapse, mais plus généralement du fonctionnement cérébral. D'abord, la nicotine à haute dose bloque l'action des neuromédiateurs, un peu à l'image de l'aluminium. Ensuite, elle bloque des récepteurs du cerveau qu'on appelle d'ailleurs des récepteurs nicotiniques : cela entraîne des lésions et des dégénérescences. Enfin, nous le savons, le goudron abîme la membrane pulmonaire et, donc, diminue indirectement l'apport d'oxygène au cerveau.

L'alcool, à très petite dose, excite le fonctionnement de la synapse. A plus forte dose se produit un phénomène inverse : la synapse ralentit ses échanges, entre dans une sorte d'endormissement. Il crée aussi l'habitude, donc la dépendance : plus on boit, plus on a besoin de doses importantes pour obtenir le seuil d'excitation.

Il faut aussi que les membranes des neurones soient vivifiées et renouvelées par un plus grand apport d'ions. Deux d'entre eux sont indispensables : le calcium et le magnésium.

On trouve le calcium dans les produits laitiers, qui contiennent aussi du magnésium. Ce dernier existe aussi dans les fruits secs, le raisin, etc.

Il faut aussi procurer aux membranes neuronales des lipides et des protides.

Les lipides, ou plus précisément les phospholipides, se trouvent dans les produits lactés (en particulier, le fromage de brebis), les viandes et le poisson. La composition en acides aminés de ces phospholipides et des triglycérides est différente selon l'origine de nos aliments.

Pour la reconstruction des éléments du cerveau, pour que ce renouvellement s'opère dans de bonnes conditions, un apport de différents acides gras est nécessaire. Cela implique que l'on utilise des huiles différentes (arachide, colza, tournesol, olive, etc.). Chacune d'elles nous procure un élément constructif spécifique. Les gens qui consomment toujours la même huile, non seulement sont guettés par la routine, mais n'offrent à leurs membranes neuronales qu'un type d'acide gras bien précis, ce qui pourra entraîner une carence. On sait par exemple que les rats à qui l'on ne fait absorber qu'une sorte d'huile voient leur capacité d'apprentissage diminuer.

Pour ce qui est des protides, on les trouve dans la viande — mais, là encore, il faut en consommer diverses sortes (bœuf, mouton, porc, volaille, etc.). Plus on vieillit, plus on a besoin de protides : les personnes âgées ont donc intérêt, contrairement à ce qu'on pourrait croire, à augmenter leur consommation de viande, sous peine de subir une fonte musculaire. Bien entendu, si l'on est végétarien, on peut remplacer la viande par des œufs, qui ne sont en fait qu'une étape biologique de cette viande. On peut aussi choisir de consommer un steak... de luzerne ou de soja : c'est ce que fait le bœuf, qui absorbe les acides aminés de ces végétaux pour en faire de la viande. Mais il n'est pas certain que le plaisir gustatif qu'on en tirera sera identique, et, sans plaisir, se nourrir n'est plus qu'une corvée.

Les ennemis du renouvellement des membranes neuronales sont des molécules très toxiques, de nature instable, qu'on appelle, dans le jargon biochimique, des « radicaux libres ». Les ennemis de ces ennemis sont certaines vitamines. Elles méritent qu'on s'y attarde quelque peu.

Nous vivons dans un monde où l'on consomme de plus en plus de conserves. Elles ne sont pas mauvaises en soi, et je préfère les haricots en boîte à ceux qui ont été exposés pendant plusieurs jours à l'étalage du marchand. Mais, l'idéal, ce sont les produits frais, car ils contiennent le plus de vitamines. Attention, cependant : ainsi que je l'ai déjà dit, s'ils sont trop cuits, ou conservés au chaud trop longtemps, leurs vitamines sont détruites.

Il faudrait donc s'habituer à manger les légumes crus : les tomates, les choux, les carottes, etc. Sinon, les cuire le moins fort et le moins longtemps possible (d'où l'intérêt de la « nouvelle cuisine » qui nous les offre souvent « al dente » et permet que l'on découvre alors leur véritable goût[1]). Les légumes surgelés et

1. La cuisson rapide dans les fours à micro-ondes est certainement préférable à la cuisson lente.

conservés dans de bonnes conditions contiennent aussi des vitamines, moins que ceux qui ont été fraîchement cueillis, mais plus que les conserves.

Voyons à présent les principales vitamines utiles au système cérébral :

La vitamine B 6. Elle aide toutes les cellules à utiliser les acides aminés et joue un rôle important dans le sommeil. On la trouve dans le foie, les rognons, la cervelle, les céréales, les bananes et les légumes verts.

La vitamine B 12, à utiliser en même temps que la précédente, se rencontre dans le foie (de volaille par exemple), les poissons et les viandes. Elle intervient dans la fabrication des globules rouges.

La vitamine C aide notre organisme à se défendre des différentes agressions microbiennes et de la fatigue : c'est la vitamine de l'éveil, de la vigilance. On la trouve dans les agrumes, la salade, le foie. Une petite quantité est suffisante[1].

La vitamine E élimine les « radicaux libres », ces ennemis des membranes neuronales. On trouve cette « vitamine de jeunesse » dans l'huile, le beurre et l'ensemble des produits laitiers, les légumes verts et les germes de céréales.

Outre les vitamines, un certain nombre de substances sont utiles à la mobilisation cérébrale. Citons les principales.

D'abord le chlorure de sodium. Le sel de cuisine est l'un des éléments qui manque le plus à la personne qui vieillit. Contrairement à ce qu'on entend ici et là, le sel consommé en quantité modérée n'a jamais fait de mal à personne. Et pourtant, que de régimes draconiens sans sel pour traiter les hypertensions par

1. Attention, l'excès de vitamine C peut conduire à l'énervement ou susciter de l'angoisse.

exemple ou pour maigrir ! Si certains médicaments exigent qu'on suive un régime (et le médecin est là pour conseiller et prescrire) dans le cas le plus général, les personnes croient bien faire en se privant de sel sans en parler à leur médecin. En réalité, il est possible de consommer du sel à la condition de boire suffisamment, ce qui permet d'éliminer un éventuel excès. En tout état de cause, un régime sans sel entraîne un amaigrissement par perte d'eau... lequel peut être aussi bien obtenu en buvant davantage d'eau. Pour ce qui est des biscottes sans sel, elles ne sont pas diététiquement meilleures que celles qui en contiennent, lesquelles ne sont pas supérieures à la même quantité de pain. Celui-ci contient en outre de précieuses fibres. Simplement, il fut une époque où il constituait la nourriture de base, presque unique, de nos populations, ce qui pouvait entraîner des carences. On vérifie encore ici cette loi intangible : varions nos aliments, ayons à cœur de lutter contre la monotonie, et nous ne nous en porterons que mieux.

Autres substances utiles à la mobilisation cérébrale :

Les sels de calcium (phosphates, sulfates) indispensables à la bonne ossification, que l'on trouve dans les produits laitiers.

Les sels de fer (cresson, carotte, épinard, oignon, poireau, chou, asperge, chicorée...), le fluor (asperge, orge, tomate, pomme de terre, roquefort...) et le phosphore (ail, orge, chou, épinard, oignon, laitue, carotte, pomme de terre, fraise, framboise, tomate, artichaut...).

Fournir à son cerveau les substances indispensables à sa nutrition et à ce surcroît d'effort qu'est l'activation ne suffit pas à l'hygiène de vie. Vous devez aussi savoir vaincre la fatigue, qui peut altérer le fonctionnement cérébral et rendre vaine toute mobilisation neuronale.

Pour cela, il faut savoir tout d'abord renforcer sa vigilance. Vous devez être, dès le matin, « dans le coup », ce qui vous permettra de vous adapter à toutes les situations. A votre petit déjeuner, si vous prenez du café, ajoutez-y du sucre à action lente ou des fruits. Le café ou le thé, seul, non sucré, le matin, est une aberration diététique. Il vous faut aussi remplir votre estomac, car il doit tenir jusqu'au repas de midi.

Un certain nombre de substances sont réputées pour augmenter la vigilance, dont le thym (Charlemagne en consommait beaucoup), le romarin (dont Mme de Sévigné disait : « J'en suis folle »). La vitamine C est également un excitant cérébral : un jus de citron, plusieurs fois par jour, est bon pour le cerveau.

Sachez également que certaines substances peuvent favoriser la mémorisation. On sait par tradition que le poisson, par exemple, est très indiqué dans ce domaine (sans doute par l'action bienfaisante du phosphore sur les neurones). Il existe aussi des « tisanes de la mémoire » qu'on peut confectionner avec la menthe, le basilic, le serpolet ou l'angélique. Ces produits peuvent être également absorbés sous forme d'épices.

Enfin, l'efficacité mnésique et la mobilisation cérébrale exigent qu'on soit physiquement en forme. Si nous sommes fatigués, la vitesse de libération des neuromédiateurs diminue et on observe un ralentissement général de l'activité.

Il faut donc savoir ne jamais forcer et bien dormir. Un bon sommeil est indispensable.

Ne cherchez pas à l'obtenir artificiellement par les somnifères, qui ne doivent intervenir qu'exceptionnellement. En effet, pris de façon abusive, ils provoquent un mauvais éveil matinal, et, tout au long de la journée, une sorte de demi-somnolence qui peut être dangereuse (si par exemple on doit conduire un véhicule). Le soir, l'habitude se faisant, la personne aura de nouveau recours à ces drogues, avec cette différence qu'il lui faudra bientôt augmenter la dose, ce qui accentuera petit à petit sa dépendance au produit.

Pour avoir un bon sommeil, il faut avoir bien vécu sa journée, avoir été actif, s'être dépensé. Mieux vaut ne pas faire de sieste, à moins de la décompter de ses heures de sommeil.

On dort mieux avec l'estomac vide : votre repas du soir doit donc précéder d'au moins une heure votre coucher. Vous pouvez aussi faire appel à des tisanes légèrement sédatives. Enfin, pas de café ou d'excitants.

Nous voici parvenus au terme de cet ouvrage, que j'ai voulu clair et simple, mais documenté et précis — optimiste aussi : votre santé, la réussite de votre vie sont désormais entre vos mains.

Utilisez ce livre comme un outil, un moyen d'augmenter vos performances.

Peut-être deviendra-t-il un ami fidèle et le témoin de votre réussite.

C'est ce que je lui souhaite.

C'est ce que je vous souhaite de tout mon cœur.

Bibliographie

(publications de l'auteur)

Le Poncin M., Charpentier J. : « Effet de la fumée de tabac par voie respiratoire sur le conditionnement d'évitement chez le rat », *J. Physiologie*, 65, n° 3, 1972, 444 A.

Boismare F., Le Poncin M., Belliard J.P., Hacpille L. : « Reduction of hypoxia induced disturbances by previous treatment with benserazide and L Dopa », *Experientia*, 31 (10), 1975, pp. 1190-1192.

Boismare F., Le Poncin M., Hacpille L. : « Cardiovascular responses to acute hypoxia in dogs pretreated with benserazide and L Dopa », *Eur. J. Parmacol.*, 38, 1976, pp. 1-5.

Boismare F., Le Poncin M., Lefrançois J., Marchand J.C. : « Biochemical and behavioral disturbances induced by hypoxia in rats », *Acta Neurol. Scand.*, 56, 1977, suppl. 64.

Boismare F., Le Poncin M., Lefrançois J. : « Mémorisation et catécholamines centrales après un traumatisme cranio-cervical expérimental chez le rat : influence d'une administration d'imipramine », *Psychopharmacology*, 55, 1977, pp. 251-256.

Boismare F., Le Poncin M., Lefrançois J. : « Biochemical and behavioral effects of hypoxic in rats : study of the protection afforded by Ergotalkaloïds », *Gerontology*, 24, suppl. 1, 1978, pp. 6-13.

Boismare F., Le Poncin M., Lefrançois J., Lecordier J.C. : « The action of Cytidine-Diphosphocholine on the functional and hemo-dynamic effects of cerebral ischemia in cats », *Pharmacology*, 17 (1), 1978, pp. 15-20.

Boismare F., Le Poncin M., Rapin J.R. : « Blockade of the different enzymatic steps in the synthesis of brain amines and learning (CAR) in hypobaric hypoxic L Dopa treated rats », *Catecholamine Basic and Clinical Frontiers*, t. II, Usdin, Kopin, Barchas Ed., Pergamon Press, 1979, pp. 1726-1728.

Le Poncin-Lafitte M., Boismare F., Pesquies P.C., Rapin J.R. : « Hypobaric stress and cerebral blood flow (CBF), brain and peripheral catecholamines in rats », *Catecholamine Basic and Clinical Frontiers*, t. I, Usdin, Kopin, Barchas Ed., 1979, pp. 939-941.

Le Poncin-Lafitte M., Boismare F., Rapin J.R. : « Effects of strangulation on deoxyglucose uptake and blood flow in the rat brain areas », *Acta Neurol. Scand.*, 60, 1979, suppl. 72, pp. 334-335.

Rapin J.R., Le Poncin-Lafitte M., Pesquies P.C. : « Cerebral blood flow redistribution in rats during hypobaric hypoxia », *Acta Neurol. Scand.*, 60, 1979, suppl. 72, pp. 322-323.

Lageron A., Le Poncin-Lafitte M., Rapin J.R. : « Brain rat histoenzymological changes induces by microspheres injection during ischemia », *Acta Histochem.*, 65, 1979, pp. 184-190.

Rapin J.R., Duterte D., Le Poncin-Lafitte M. : « Modèles d'étude des désordres cérébrovasculaires à l'aide de déoxyglucose 3H », *Radioaktive Isotope in Klinik und Forschung,* t. XIV, Egermann Ed. Verlag, 1980, pp. 269-276.

Le Poncin-Lafitte M., Rapin J.R. : « Age associated changes in deoxyglucose uptake in whole brain », *Gerontology,* 26, 1980, pp. 265-269.

Le Poncin-Lafitte M., Aymonod M., Billon C., Pesquies P.C., Rapin J.R. : « Plasma catecholamine and brain activities », *Catecholamine and Stress : Recent Advances,* Usdin, Kvetnansky, Kopin Ed., Elsevier North Holland Inc., 1980, pp. 227-230.

Le Poncin-Lafitte M., Pesquies P.C., Billon C. et Rapin J.R. : « Effects of the blocking of dopaminergic receptors on the cerebral blood flow, the uptake of deoxyglucose and memorization », *Circulation cérébrale,* A. Bes, G. Geraud Ed., 1979, pp. 67-69.

Rapin J.R., Grosdemouge C., Le Poncin-Lafitte M. : « Distribution of the blood flow in brain areas after a quantitative ischemia in rat », *Pathophysiologie and Pharmacotherapy of Cerebrovascular Disorders,* Betz, Grote, Heuser, Wullenweber Ed., Verlag Gerhard Witestrock, Cologne, 1980, pp. 163-166.

Le Poncin-Lafitte M., Pesquies P.C. et Rapin J.R. : « Correlation between brain blood flow and catecholamine levels in rat brain areas under hypobaric hypoxia », *Experientia,* 36, 1980, pp. 1405-1406.

Rapin J.R., Lageron A., Le Poncin-Lafitte M. : « Deoxyglucose uptake in pathological conditions », *European Neurology,* 20, 1981, pp. 146-151.

Nicolaidis S., Le Poncin-Lafitte M., Danguir J., Grosdemouge C., Rapin J.R. : « Specific behaviors bound brain cartography of the glucose uptake rate », *ibid.*, pp. 180-182.

Le Poncin-Lafitte M., Grosdemouge C., Roy-Billon C., Duterte D., Potrat P., Lespinasse P., Rapin J.R. : « Short term memory and cerebral ischemia : pharmacological application », *ibid.*, pp. 265-269.

Le Poncin-Lafitte M., Grosdemouge C., Roy-Billon C., Duterte D., Rapin J.R. : « Hemodynamic, metabolic and functional changes induced by experimental cerebral microinfarction : basic and therapeutic approach », *J. Cerebral Blood Flow and Metabolism*, 1, suppl. 1, 1981, pp. 260-261.

Le Poncin-Lafitte M., Grosdemouge C., Loison B., Barreteau H., Rapin J.R. : « Evidence of the dopaminergic system in microcirculation. Study in vivo », *Cerebral Blood Flow effects of Nerves and Neurotransmitters*, D.D. Heistad, M.L. Marcus Ed., Elsevier Science publishing Co, Inc., New York, 1982, pp. 143-151.

Le Poncin-Lafitte M., Lafitte J.C., Rapin J.R. : « Sound avoidance conditioning and a mathematical approach to the description of acquisition performance », *Math. Biosciences*, 59, 1982, pp. 249-268.

Lassen N.A., Henriksen L., Holm S., Barry D.I., Paulson O.B., Vorstrup S., Rapin J.R., Le Poncin-Lafitte M., Moretti J.L. : « Central blood flow tomography Xenon 133 compared to Isopropyl-Amphetamine-Iodine-123 », *J. Nucl. Med.*, 24 (1), 1983, pp. 17-21.

Lespinasse P., Le Poncin-Lafitte M., Pesquies P.C. et Rapin J.R. : « Demonstration of vascular redistribution after carotid clamping in rats », *Experientia*, 39, 1983, pp. 369-371.

Rapin J.R., Duterte D., Le Poncin-Lafitte M., Lageron A., Monmaur P., Rips R., Lassen N.A. : « Iodoamphetamine derivatives as tracers for local cerebral blood flow or not ? Autoradiographic and autohistoradiographic studies », *J. Cerebral Blood Flow and Metabolism*, 3, suppl. 1, 1983, pp. 105-106.

Lerner-Natoli M., Le Poncin-Lafitte M., Rondouin G., Rapin J.R. et Baldy-Moulinier M. : « Simultaneous determinations of local cerebral blood flow and metabolism in the different stages of amygdaloïd kindling », *Current Pbs in Epilepsy ; I. Cerebral Blood Flow and Metabolism and Epilepsy*, M. Baldy-Moulinier, D.H. Ingvar, B.S. Meldrum eds, J. Libbey, Londres, 1983, pp. 105-111.

Le Poncin-Lafitte M., Duterte D., Galiez V., Lamproglou Y., Rapin J.R. : « Apprentissage et concomitances hémodynamiques et métaboliques chez l'animal âgé après un accident ischémique aigu », *Presse Méd.*, 12, 1983, pp. 3061-3065.

Le Poncin-Lafitte M., Grosdemouge C., Duterte D., Rapin J.R. : « Simultaneous study of haemodynamic, metabolic and behavioural sequelae in a model of cerebral ischaemia in aged rats : Effects of nicergoline », *Gerontology*, 30, 1984, pp. 109-119.

Rapin J.R., Le Poncin-Lafitte M., Lespinasse P. : « Simultaneous study of cerebral blood flow, vascular and deoxyglucose in aged rats », *Pharmacology*, 28, 1984, pp. 241-250.

Rapin J.R., Le Poncin-Lafitte M., Duterte D., Rips R., Morier E., Lassen N.A. : « Iodoamphetamine as a new tracer for local cerebral blood flow in the rat : Comparison with Isopropyliodoamphetamine », *J. Cerebral Blood Flow and Metabolism*, 4, 1984, pp. 270-274.

Hossman K.A., Mies G., Pashen W., Csiba L., Bodsch

W., Rapin J.R., Le Poncin-Lafitte M., Takahashi K. : « Multiparametric imaging of blood flow and metabolism after middle cerebral artery occlusion in rats », *J. Cerebral Blood Flow and Metabolism*, 5, 1985, pp. 97-107.

Derouesne C., Rancurel G., Le Poncin-Lafitte M., Rapin J.R., Lassen N.A. : « Variability of cerebral blood flow defects in Alzheimer's disease on Iodo-isopropyl-amphetamine and single photon emission tomography », *The Lancet*, 8440, 1985, p. 1282.

Le Poncin-Lafitte M., Raynaud C., Derouesne C., Rancurel G., Rapin J.R. : « Variability of cerebral blood flow defects in Alzheimer's disease seen by 123 Iodo-isopropyl-amphetamine and SPECT : studies at rest and during memorization », *J. Cerebral Blood Flow and Metabolism*, 5, suppl. 1, 1985, pp. 135-136.

Le Poncin-Lafitte M., Rapin J.R. : « Age and Learning : Experimental and clinical aspects », *Gerontology*, 32, suppl. 1, 1986, pp. 53-59.

Vollant M., Le Poncin-Lafitte M., Rapin J.R. : « Some specific errors in V R T of Benton in detection of senile dementia of Alzheimer type », *Senile Dementias : Early Detection*, A. Bes et Al. Ed. John Libby, 1986, pp. 631-635.

Le Poncin-Lafitte M., Rancurel G., Raynaud C., Migeon P., Rapin J.R. : « Variability of cerebral blood defects in Alzheimer's disease spect studies at rest and during memorization », *Aging « The Universal Human Experience »*, Highlights of the 1985 International Congress of Gerontology, New York, Springer Publishing Company (sous presse).

Le Poncin-Lafitte M. : « Imaging of functional brain in aging — clinical and experimental aspects (abstract) »,

I P A Congress (congrès de psychogériatrie), Chicago, 27-31 août 1987.

Le Poncin-Lafitte M. : « Visualisation de l'hypofonctionnement cérébral et sa récupération par l'application d'une méthode informatisée d'activation cérébrale (Gym Cerveau) » *Entraînement de la mémoire*, Gottlieb Duttweiler Institut, Zurich, 1987.

Remerciements

Au terme de cet ouvrage, je voudrais remercier pour leur patiente collaboration tous mes collaborateurs de l'INRPVC et plus particulièrement « les anciens » : Ioannis Lamproglou, Florence Moulin, Pierre Migeon.

Je voudrais aussi remercier pour leur re-lecture et leur esprit critique le docteur Jean Sotton et les professeurs Jean-Robert Rapin, pharmacologue, et Christian Derouesne, neurologue à la Pitié-Salpêtrière.

Les adresses utiles

I. Organismes administratifs se consacrant aux problèmes des personnes âgées :

Action d'aide générale

— Ministère des Affaires sociales. Direction de l'action sociale des retraités et personnes âgées, 124, rue Sadi-Carnot, 92170 Vanves.

— Observatoires régionaux de santé — ORS. Organismes mixtes consultatifs dont les membres se réunissent en sessions au chef-lieu de la région administrative. Sa vocation est la réflexion et l'élaboration de projets.

— CODERPA et CLEIRPA. Organismes mixtes régionaux à caractère semi-public. Ils étudient les problèmes des personnes âgées dans leur spécificité régionale, dégagent les idées directrices et participent à la vie associative régionale.

— DAS. Structure administrative couvrant tous les problèmes de santé du département, sans avoir de vocation particulière « personnes âgées ».

— DDAS. Structure administrative couvrant tous les problèmes sociaux du département. Il existe un responsable des personnes âgées.

— Fondation nationale de gérontologie : 49, rue Mirabeau, 75016 Paris.

— Instance de coordination gérontologique. Élaboration des programmes médico-sociaux et d'animation en faveur des personnes âgées. Il en existe plusieurs par département et elles dépendent du CODERPA.

— Direction de l'industrie touristique — bureau du tourisme associatif et familial. Organisme de réflexion : 2, rue Linois, 75015 Paris.

— Comité français d'éducation santé : 22, rue Lecourbe, 75015 Paris. Organisme gouvernemental qui répond à tous les problèmes de prévention santé.

II. ORGANISMES OFFRANT DES SERVICES DIRECTEMENT A LA POPULATION

— Mairies du domicile (toutes les mairies de France), peuvent donner des renseignements concernant : aide ménagère ; repas à domicile ; conseil juridique ; hébergement : maisons de retraites agréées par l'aide sociale, logement foyer ; allocation de l'aide sociale ; université du troisième âge ; adresses des clubs et animations ; associations diverses (Croix-Rouge, Association Valentin-Haüy, concernant les non-voyants, etc.)

S'adresser au Bureau d'aide sociale (BAS) de la mairie.

— INRPVC (Institut National de Recherche sur la Prévention du Vieillissement Cérébral). Tél. : 46-70-03-03.

Institut de recherches pluridisciplinaires (recherche

fondamentale, recherche appliquée) dans le domaine du vieillissement cérébral.

Ayant aussi pour vocation :

L'information et l'éducation santé :

— Organisation de réunions régionales, lettre de l'Institut.

Cet Institut propose à ses adhérents des moyens d'exploration de leurs fonctions cérébrales et de détection précoce des atteintes organiques éventuelles (BNM®, BRC®).

— Une information sur l'avancée des connaissances dans le domaine du vieillissement cérébral ainsi que des méthodes d'entraînement cérébral (Gym Cerveau®) ayant pour but le maintien de l'autonomie des personnes âgées.

Pour obtenir les adresses des correspondants régionaux INRPVC (détection et Gym Cerveau) écrire :

INRPVC
Hôpital de Bicêtre
78, rue du Général-Leclerc
94275 Le Kremlin-Bicêtre

France Alzheimer

Association des familles Alzheimer : 49, rue Mirabeau, 75016 Paris, a pour vocation l'organisation des réunions des familles.

Les Jardins d'Asclépios

Domicile collectif (accueil et soins) adapté aux patients atteints de dégénérescence cérébrale (type Alzheimer).

Pour tout renseignement, écrire à : Jean Sotton, médecin responsable, « Les Jardins d'Asclépios », 26130, La Baume-de-Transit.

Table

La gym dans la vie

Composition réalisée par C.M.L., Montrouge.

Imprimé en France sur Presse Offset par

BRODARD & TAUPIN

GROUPE CPI

La Flèche (Sarthe).
N° d'imprimeur : 9001 – Dépôt légal Édit. 15014-10/2001
LIBRAIRIE GÉNÉRALE FRANÇAISE - 43, quai de Grenelle - 75015 Paris.

ISBN : 2 - 253 - 04864 - X

30/7957/1